Sandra Tissot
Du bist umwerfend!

SANDRA TISSOT

DU BIST! UMWERFEND

WERDE DIR DEINER SELBST BEWUSST

dielus

dielus edition

Bücher für ein besseres Leben

Du bist umwerfend, Sandra Tissot
© 2018 dielus edition Leipzig, Impressum siehe: www.dielus.com
Alle Rechte vorbehalten.

Umschlagabbildungen und Bildnachweise Innenteil:	©iStock.com/Nataly-Nete, ©iStock.com/drbimages
Lektorat:	Maren Klingelhöfer www.maren-klingelhoefer.de
ISBN:	978-3-9819383-2-6

Bibliografische Information der Deutschen Bibliothek: Die Deutsche Bibliothek verzeichnet diese Publikation in der Deutschen Nationalbibliografie; detaillierte bibliografische Daten sind im Internet abrufbar über https://portal.d-nb.de.

Inhaltsverzeichnis

VORWORT

DU BIST UMWERFEND!

Hat dir heute schon jemand gesagt, wie umwerfend du bist? Jetzt lach nicht, im Ernst – nein?

Dann ist es aber an der Zeit:

Du bist umwerfend!

Du bist umwerfend, so wie du gerade mit diesem Buch in der Hand, hier und jetzt, einfach „bist", amüsiert und mit einer kleinen Portion Skepsis deine Mundwinkel nach oben ziehst und dich fragst, wann dir das zuletzt jemand gesagt hat. Ist dir bewusst, dass wir Menschen in unserem oft hektischen Alltag ganz verlernt haben, uns selbst, unsere Liebsten oder auch eine(n) vollkommen Fremde(n) einfach einmal umwerfend zu finden? So wie du dir insgeheim vielleicht wünschst, dass dir das einfach einmal jemand sagt. Weil wir gerade beim Thema sind … Wann hast du eigentlich zuletzt einem anderen Menschen gesagt, dass er umwerfend ist? Noch nie?

Du warst doch sicher schon verliebt? Oder verzaubert von einem atemberaubenden Augenblick? Hand aufs Herz, wie oft hast du diesen Satz schon gedacht, aber niemals gewagt, ihn laut auszusprechen? Die Beweggründe sind vielseitig: Verlegenheit, Scham, Unsicherheit, Schüchternheit,

Selbstzweifel, aber auch Missgunst und Neid können eine Rolle spielen. Was auch immer dich bisher daran gehindert hat – **es ist an der Zeit!** Ganz gleich, ob du diese magischen drei Worte

- zu dir selbst,

- zu einem lieben Menschen aus einem besonderen Anlass oder

- einfach nur einmal so sagen möchtest,

eines ist sicher:

Es wird deine Einstellung zu dir selbst und zu deinen Mitmenschen positiv verändern.

Warum? Weil diese drei Worte pure Lebensfreude erzeugen, bei dir selbst und auch bei anderen Menschen. Sie bedeuten geteiltes Glück für den, der sie ausspricht, und den, der sie empfängt. Sie bedeuten aber auch neue Energie und Kraft, wenn du sie einfach einmal zu dir selbst sagst.

Dieses Buch zeigt dir, was die drei Worte **„Du bist umwerfend"** mit dir und anderen machen. Es geht dabei nicht nur um diese drei Worte, sondern um das tiefe Verständnis dafür, wie sich dein Leben verändert, wenn du dir deiner selbst bewusst wirst.

Herzliche Grüße

Deine Sandra Tissot

NÜCHTERNE
BESTANDSAUFNAHME

DU BIST UMWERFEND!

> „Der größte Gegner ist das Bild,
> das man von sich selbst im Kopf hat."
>
> (Unbekannt)

Wer bist du eigentlich? – Das nette Ab-
ziehbild einer adretten Frau oder eines
erfolgreichen Mannes, das andere gern in
dir sehen wollen? Oder ein Mensch mit
Ecken und Kanten, der beim kritischen
Blick auf sich selbst immer etwas zu me-
ckern findet? Wahrscheinlich, in Abhängigkeit deiner jeweiligen Tagesform und
den Personen, von denen du umgeben
bist, jemand, der sich auf der Skala zwischen „zauberhaftem Fabelwesen" und
„Fürst der Finsternis" bewegt.

Sei dir gewiss, in den seltensten Fällen
bist du ganz du selbst. Das liegt allein
schon darin begründet, dass jeder um
dich herum ein subjektives Bild von dir
im Kopf mit sich herumträgt. Für den
einen bist du vielleicht die sorgende Ehe-
frau oder der liebevolle Familienvater,
ein anderer sieht in dir die fliegende „He-
likopter-Mum" oder den egozentrischen
Chef. Der Nächste hält dich für die kühle

Unnahbare oder den begehrenswerten Lover. Zu den vielen unzähligen kleinen Puzzleteilen der subjektiven Wahrnehmungen, die dich von außen prägen, kommt das Bild hinzu, das du selbst von dir im Kopf hast. Das Selbstbild ist übrigens dein größter Gegner, denn es trägt maßgeblich zu deiner Vorstellung bei, was andere über dich denken oder wie sie dich sehen könnten. Der Kern der Frage „Wer bist du?" liegt also in deinem Selbstwert. Lass uns deshalb vor unserer konkreten Bestandsaufnahme noch einen kurzen Abstecher zum Thema Selbstwert machen. Jupp zugegeben, das klingt jetzt erst mal nach einem öden Selbstfindungsseminar, nach dem du am Ende genauso schlau bist wie vorher. Wir gehen es aber kurz und knackig an, okay?

Also lass folgende Frage kurz auf dich wirken:

Was verstehst du unter Selbstwert?

Wahrscheinlich hast du dir in deinem oft stressigen Alltag bisher eher wenig Zeit genommen, dir darüber den Kopf zu zerbrechen. Du hast höchstwahrscheinlich deinen Selbstwert mit Themen wie Selbstwertgefühl, Selbstwertschätzung,

Selbstachtung, Selbstsicherheit und Selbstvertrauen gleichsetzt. Dir fällt deswegen gerade erst auf, dass es gar nicht so leicht ist, ad hoc zu sagen, was Selbstwert eigentlich bedeutet. Dann hilft dir ein kleiner Blick in ein Psychologie-Lexikon gleich auf die Sprünge:

Selbstwert: die eigene, individuelle Bewertung des Selbst (Selbstkonzept) und damit eine grundlegende Einstellung gegenüber der eigenen Person.

(vgl. Jünemann: „Selbstwert und Selbstvertrauen" und Wirtz: Definition „Selbstwert")

Irgendwie selbsterklärend, oder? Du ahnst es schon. Passend dazu gibt es natürlich auch eine ganze Armada an unterschiedlichsten psychologischen Modellen, die nicht nur beschreiben, worauf der eigene Selbstwert basiert, sondern auch, wie er gestärkt werden kann. Falls du jetzt Lust auf Literatur bekommen hast: Schnell fündig wirst du u. a. bei den „Sechs Säulen des Selbstwertgefühls" von Nathaniel Branden oder dem kognitiven Modell von Aaron T. Beck (nach dem der Selbstwert stark von unseren eigenen Denkprozessen beeinflusst wird) sowie der Betrachtung des Selbstwerts als ein Indikator für die soziale Integration nach Mark R. Leary.

Okay verstanden, du hast jetzt gerade keine Muße, die theoretischen Modelle im Detail aufzuarbeiten? Musst du auch gar nicht, denn hier bekommst du gleich ein paar wertvolle Anhaltspunkte, wie du deinen Selbstwert stärken und dir ganz nebenbei eine umwerfende Aura verleihen kannst:

Werde dir deiner selbst bewusst. Du bekommst dafür sechs Inspirationen an die Hand. Sie werden dir am Ende eines jeden Kapitels wieder über den Weg laufen, und du kannst deine eigene „Selbstwert-Laufbahn" mit ihrer Hilfe angehen. Behalte die folgenden sechs Inspirationen einfach im Hinterkopf.

Sechs Inspirationen für einen positiven Selbstwert

1. Nimm das Leben bewusst wahr!

2. Nimm dich selbst an!

3. Achte auf deine Gedanken!

4. Gönne dir den Luxus einer eigenen Meinung!

5. Übernimm die volle Eigenverantwortung!

6. Lebe deine umwerfende Persönlichkeit!

Lass uns mit der nüchternen Bestandsaufnahme beginnen und dich näher an-
schauen. Stell dir folgende Situation vor:
Wir beide begegnen uns das erste Mal
und sitzen uns in einem Café gegenüber.
Wir sehen uns überraschend, und du
hattest vorher wenig Zeit, dich um dein
Äußeres zu kümmern. Es hat also wahrscheinlich nur für eine Jeans und ein
schlichtes Shirt gereicht. Du bist eine
Frau? Dann war heute Morgen keine Zeit
für Make-up und Haarewaschen. Du bist
ein Mann? Ja, die schlichte Kleidung
betont heute auch den kleinen Bauch und
ein wenig Hüftgold.

Was würde ich sehen und welchen Eindruck würde ich innerhalb der ersten
Sekunden von dir bekommen?

Jetzt denkst du sicher, das kommt ganz
darauf an, wie ich dich im Verlaufe unseres Gesprächs sehen möchte und worauf
ich Wert lege. Fakt ist aber:

Unser Gehirn braucht nur eine Zehntelsekunde, um ein Urteil über einen Unbekannten zu fällen.

Übrigens hat auch dein Gehirn in dieser
winzigen Zeitspanne bereits ein Urteil
über mich gefällt – und das, obwohl wir

uns noch nie zuvor begegnet sind. Dabei geht es weniger um subjektive Schönheit. Die Jeans und das schlichte Shirt werden hier zunächst also nur am Rande wahrgenommen. Eine Studie der University of Florence zeigt, dass unsere Gehirne nach uralten Regeln der Evolution arbeiten und blitzschnell entscheiden: Freund oder Feind (vgl. Marzi: „Trust at first sight")? Stufen wir den anderen als vertrauenswürdig und sympathisch ein oder nicht?

Dann schätzt unser Gehirn sofort den sozialen Status des anderen ein. Ist mein Gegenüber stark, dominant und kompetent? Zugegeben, diese Studienergebnisse klingen mehr nach Steinzeit und Höhlenmenschen. Wir packen natürlich keine Keulen aus, aber Vertrauenswürdigkeit und sozialer Status sind ausschlaggebend für die erste intuitive Entscheidung, ob wir uns gegenseitig irgendwie annähern sollten oder ob wir einander lieber fernbleiben.

Aber: Dem ersten Eindruck sind wir nicht hilflos ausgeliefert.

Wir entscheiden vorab selbst, wie wir wirken wollen. Du hast also tatsächlich in gewisser Weise die Wahl, ob ich dich bei unserer Zufallsbegegnung im Café umwerfend finde, und kannst das sogar positiv beeinflussen. Du lachst und glaubst mir nicht? Lies einfach mal weiter, vielleicht lässt sich dein Blickwinkel verändern. Zusätzlich hilft es dir, wenn du dir ein paar schriftliche Notizen dazu machst. Welchen ersten Eindruck möchtest du gern hinterlassen?

Notizen:

....

....

....

....

....

....

....

1.1

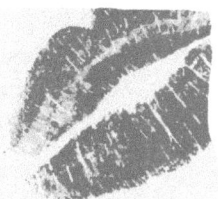

Spiegelbild – warum es beim Blick in den Spiegel immer etwas zu meckern gibt

> „Hast du dir je die Frage gestellt,
> ob dein Spiegelbild auf der Wasseroberfläche
> real und du nur eine Reflexion von ihm bist?"

(Calvin in „Calvin & Hobbes" von Bill Watterson)

Hast du gerade einen Spiegel in Reichweite? Dann stell dich davor, und schau dich einmal in voller Körpergröße an. Bitte weder das Gesicht verziehen noch gleich negative Gedanken entwickeln. Wir sind gerade mitten in unserer nüchternen Bestandsaufnahme. Du bist eine Frau? (Übrigens ist diese Passage auch für Männer äußerst lesenswert, die die Frauenwelt gern ein Stück besser verstehen möchten.) Dann findest du zwischen Scheitel und Sohle mindestens eine Stelle am Körper, die du so gar nicht an dir magst. Die Hitliste ist lang und reicht von A wie alles zu dick, B wie Brüste zu groß oder zu klein, C wie Cellulite über F wie Falten, P wie Po zu groß oder zu flach bis hin zur absoluten Verzweiflung mit Z wie Zukunftsprojekt Schönheits-OP.

Gib es zu, mindestens an einer Stelle hast du jetzt kurz gezuckt. Ich hoffe mal nicht beim Zukunftsprojekt Schönheits-OP.

Eine weltweite Umfrage des Markenherstellers Dove ergab, dass sich lediglich 4 Prozent aller Frauen selbst schön finden. Wurden die befragten Frauen von Fremden beschrieben, so waren sie nach deren Einschätzung hübscher, als sie sich selbst beurteilten. Viele Frauen haben die Vorstellung, eine graue Maus oder ein hässliches Entlein zu sein.

Dies gilt übrigens für Frauen aller Altersgruppen. Das Paradoxe daran: Zu dieser Selbsteinschätzung kommen Frauen, die eher durchschnittlich gut aussehen, ebenso wie solche, die überdurchschnittlich schön sind (vgl. Unilever: „Initiative für wahre Schönheit").

Frauen erkennen ihre eigene Schönheit schlichtweg nicht oder viel zu selten.

Höchstwahrscheinlich bist auch du auf dem Auge, das deine eigene Schönheit zeigt, blind. Mit etwas Glück gibt es zumindest ab und an Tage, an denen dich der Blick in den Spiegel zufriedenstellt. Umwerfend schön findest du dich aber bislang wahrscheinlich nur mit mindestens drei Gläsern Rotwein im Blut oder wenn du gerade deine Brille verlegt hast. Wobei Variante 1 streng genommen bei der „nüchternen" Bestandsaufnahme nicht zählt.

Du bist ein Mann? Dann hast du in Sachen Zufriedenheit mit deinem Äußeren die besseren Karten. Du blickst in den Spiegel und kannst wahrscheinlich drei Merkmale aufzählen, die du attraktiv findest. Studien zeigen, dass die meisten Männer nicht ganz so selbstkritisch mit ihrem Äußeren sind wie Frauen (vgl. Splendid Research, „Aussehen und Schönheitsoperationen").

Eine Studie der US-Psychologin Carin Perilloux belegt sogar, dass manche Männer eher dazu neigen, ihre optische Anziehungskraft zu überschätzen. Uns Frauen ist das natürlich nicht entgangen. Denn gerade Männer mit gering ausgeprägten empathischen Fähigkeiten fallen dann gern mal mit der Tür ins Haus. Neben der Evolution finden sich auch in den über die Jahrtausende entwickelten Geschlechterrollen diverse Gründe dafür. Witziges Detail der Studie: Die Männer, die tatsächlich anziehend auf die Mehrzahl der befragten Frauen wirkten, neigten am wenigsten zur Selbstüberschätzung (Perilloux: „Do Men Overperceive Women's Sexual Interest?").

Die Klischees werden an diversen Stellen bedient, es gibt aber auch durchaus Studien, die zeigen, dass Männer selbstkritisch mit ihrem Körper sind, insbesondere mit ihrem Bauch, der Brust sowie den Haaren (Splendid Research: „Aussehen und Schönheitsoperationen").

Auch Männer sind manchmal mit ihrem Spiegelbild unzufrieden.

Mit zunehmendem Alter fällt auch Männern ihr größerer Bauchumfang, ihre erschlaffende Muskulatur oder Haarausfall negativ auf.

Wahrscheinlich wirst auch du bei einem kritischen Blick in den Spiegel das ein oder andere Manko entdecken, ganz gleich, ob du eine Frau oder ein Mann bist. Doch wie sieht es in der Realität aus und was kannst du dafür tun, dass du – egal in welchem Alter – deine Schönheit auch im Spiegel erkennst?

1.2

Erster Eindruck – wichtig, aber
oft überbewertet

> „Der erste Eindruck ist wichtig,
> allerdings oft überbewertet,
> denn das Innere eines Menschen
> bleibt in diesem Augenblick verborgen.“
>
> (Tissot)

In der Realität wirst du selten so kritisch wahrgenommen, wie du selbst mit deinem Spiegelbild umgehst. Meist sind es kleine Ausschnitte, die du an deiner Optik selbst nicht magst, die von anderen im Gesamtbild aber gar nicht so wahrgenommen werden.

Dafür kannst du gern einen kleinen Selbsttest durchführen. Welche fremde Person ist dir heute Morgen als Erste begegnet? Ruf dir diese Person vor dein geistiges Auge. Kannst du noch sagen, welche Kleidung sie anhatte, wie ihre Augenfarbe war oder gar welchen Schmuck sie getragen hat? Wenn diese Person ein auffälliges Nasenpiercing hatte, ist dir dieses vielleicht noch in Erinnerung, der Pullover oder der Ring an ihrem Finger hingegen nicht mehr. Zum Körperbau: Erscheint eine Person in ihrer Gesamtheit als schlank, wird dir ein kleines Bäuchlein, das dieser Person selbst vielleicht ständig als Manko präsent ist, nicht einmal aufgefallen sein.

Wir neigen dazu, uns selbst viel genauer und kritischer zu betrachten als andere Menschen.

Wir vergessen gern, dass die äußere Schönheit, die gewählte Kleidung und das gesagte Wort selten vollständig in Erinnerung bleiben, besonders wenn sie innerhalb der kurzen Zeit des ersten Eindrucks wahrgenommen wurden. Aber:

Menschen können sich meist gut daran erinnern, welches Gefühl eine Person beim ersten Eindruck ausgelöst hat.

Vielleicht ist es dir schon passiert, dass sich jemand bei einem zweiten Zusammentreffen nicht mehr an dich erinnern konnte. Manchmal ärgerst du dich vielleicht darüber, weil dir selbst die Begegnung noch gut in Erinnerung ist. Allerdings muss das von deinem Gegenüber kein böser Wille sein. Es ist durchaus möglich, dass die Umstände oder die Begegnung selbst so banal waren, dass keine Emotionen (ganz gleich welcher Art) ausgelöst wurden. Die Frage ist: Wie kannst du dafür sorgen, dass der erste Eindruck von dir möglichst in guter Erinnerung bleibt und positive Assoziationen in der Gefühlswelt des anderen weckt, ohne dass du dafür einen „Flickflack" schlagen oder auf einer Posaune blasen musst?

Wie kannst du im besten Fall in diesem kurzen Augenblick deine inneren Werte offenbaren und dich von deiner umwerfenden Seite präsentieren?

Die folgende Übung zeigt dir, wie du in jedes Gespräch mit neuen Menschen gehen kannst und den ersten Eindruck bewusst positiv gestaltest.

Übung: Der erste Eindruck

Stell dir einfach unsere Ausgangssituation im Café vor. Du betrittst den Raum, und es kommt zur ersten Begrüßung. Ganz wichtig dabei:

DU BIST UMWERFEND!

Versuche im Augenblick des ersten Eindrucks nicht daran zu denken, wie du wirken willst, sondern konzentriere dich auf die Bedürfnisse (Nervosität, Schüchternheit, Unwohlsein etc.) des anderen, die er insbesondere durch seine nonverbale Kommunikation zum Ausdruck bringt.

- **Aufmerksamkeit:** Wenn du mitfühlst und aufmerksam bist, vermittelst du deinem Gegenüber das Gefühl von aufrichtigem Interesse.

- **Blickkontakt:** Wenn du direkten Blickkontakt hältst, öffnest du dich deinem Gegenüber und zeigst, dass du echte Aufmerksamkeit mit in den Erstkontakt einbringst. Kleiner Tipp: Wenn es dir schwerfällt, länger direkten Augenkontakt zu halten, kannst du dich auch auf ein Auge deines Gegenübers fokussieren. Bitte verwechsle dies aber nicht mit einem penetranten Anstarren, ein gutes Mittelmaß ist angebracht.

- **Hände:** Achte auf deine Körperhaltung und insbesondere auf deine Hände. Hände in den Hosentaschen oder verschränkte Arme wirken schnell abweisend, auch wenn es vielleicht gar nicht so gemeint ist. Eine offene Körperhaltung signalisiert unbewusst „Entwarnung".

- **Lächeln:** Ein offenes Lächeln ist ein absoluter Türöffner und bleibt in guter Erinnerung. Dies sollte allerdings nicht mit einem aufgesetzten Grinsen oder dem Verziehen des Gesichts verwechselt werden!

1.3

Feedback – warum Komplimentemachen nicht leicht ist

> „Komplimente sind wie Parfüm.
> Sie dürfen duften,
> aber nie aufdringlich werden."
>
> (Oscar Wilde)

Ist der erste Eindruck entstanden und entwickelt sich im Laufe der Zeit ein regelmäßiger Kontakt zwischen Menschen, so bleibt auch der ein oder andere Gedanke nicht aus.

Du kennst das sicher. Du triffst eine Freundin, die freudestrahlend auf dich zukommt und zufrieden scheint, und du sagst: „Wow, du siehst richtig gut aus." Perfekt, das Kompliment ist raus und ging ganz leicht über die Lippen. Dennoch werden Komplimente viel zu selten ausgetauscht. Dir fällt es schwer, ein Kompliment einem guten Freund gegenüber auszusprechen? Dann wird dir wohl ein Kompliment gegenüber einem Menschen, den du neu kennengelernt hast, erst recht nicht über die Lippen kommen. Das ist schade, denn Soziologen haben Folgendes herausgefunden:

Ein Kompliment einer nahezu fremden Person hinterlässt einen deutlich stärkeren Eindruck auf uns als das unseres liebsten Sandkastenfreundes (vgl. McKinsey: „Motivating People, Getting Beyond Money").

Dabei geht es nicht nur um Komplimente, die die äußere Schönheit betreffen, sondern auch um positive Kommentare zu Schnelligkeit, Auffassungsgabe, Wissen etc. unseres Gegenübers.

Du freust dich über ein aufrichtiges Kompliment zu rechten Zeit am passenden Ort? Dann solltest du damit anfangen, auch selbst ernst gemeinte Komplimente im Privatleben, aber auch im Beruf zu verteilen.

Beim Komplimentemachen kommt es auf deine Aufrichtigkeit, auf das Timing, auf deine Motivation und natürlich auf die geeignete Formulierung an.

Wenn du im Privatleben eine Frau oder einen Mann attraktiv findest, kannst du das zum passenden Zeitpunkt auch zum Ausdruck bringen.

Ob dein Gegenüber das Kompliment dann richtig interpretiert, steht auf einem anderen Blatt. Wie jemand auf ein Kompliment reagiert, ist stark abhängig von seinem Selbstbild. Außerdem können der Berufsstand, die persönliche Erfahrung im Umgang mit schönen Worten und die Einschätzung des Urteilsvermögens des Gegenübers eine Rolle spielen.

Macht ein Chef seiner Mitarbeiterin ein Kompliment zu ihrem tollen Aussehen, kann das durchaus aufrichtig gemeint sein, wirkt aber schnell anzüglich und wenig angemessen. Komplimente sind aber auch im Berufsleben ein Türöffner. Hier geht es jedoch weniger um Komplimente zum äußeren Erscheinungsbild als vielmehr um aufrichtig gemeinte Komplimente zu fachlichen oder sozialen Kompetenzen.

Komplimente sind dann besonders wertvoll, wenn sie auf die jeweilige Person und Situation abgestimmt sind.

Wenn Komplimente auch noch originell sind und positiv überraschen, umso besser.

Wann hast du das letzte Mal ein Kompliment erhalten? Hast du es vielleicht abgetan oder kleingeredet?

Beginne damit, Komplimente anzunehmen und dich darüber zu freuen! Verbunden mit einem offenen Lächeln und einem „Dankeschön, das freut mich", bringst du die Annahme eines Kompliments ganz natürlich und sympathisch rüber.

Wartest du vielleicht nur auf ein Kompliment und sprichst selbst aber keins aus? Dann heißt es: Schluss mit dem Warten und endlich einmal selbst aktiv werden! Das kannst du, indem du anfängst, das zu tun, was du dir von anderen wünschst. Versuche es doch einfach einmal mit der folgenden Übung:

Übung: Komplimente aussprechen

Komplimente aussprechen, die authentisch sind, ist gar nicht so schwer.

Nimm dir einfach bewusst vor, dass du bei der nächsten Gelegenheit einen positiven Gedanken, der dir im Kopf herumschwirrt, auch der betreffenden Person gegenüber laut äußerst:

- „Du siehst gut aus."

- „Du hast meinen Tag heute heller gemacht."

- „Das hast du wirklich toll umgesetzt."

- „Mit dir macht die Arbeit echte Freude."

Gratuliere, du hast ein Kompliment ausgesprochen.

Was hat das in diesem Moment mit dir und deinem Gegenüber gemacht?

Wie hast du dich direkt danach gefühlt?

Waren Timing, Formulierung und Ansprechpartner passend, hast du dich danach wahrscheinlich richtig gut gefühlt.

1.4

Fazit

Interessant, der erste Blick auf das eigene Selbst, oder? Vor allem, nachdem du jetzt weißt, wie Selbstwert eigentlich definiert ist und dir sechs kleine Sätze im Hinterkopf bewahrst, die deinen Selbstwert stärken. Der erste wird dir bereits am Ende dieses Fazits wieder begegnen.

Unsere nüchterne Bestandsaufnahme zeigt dir wahrscheinlich, dass du bislang in zahlreichen Situationen deines Lebens – sowohl beim Blick in den Spiegel als auch bei der ersten Begegnung oder im regelmäßigen Umgang mit anderen Menschen – gewohnten Routinen und automatischen Gedankenschleifen gefolgt bist.

Wie im Film „Und täglich grüßt das Murmeltier" (US-amerikanische Filmkomödie, Originaltitel: „Groundhog Day", 1993) hast du dich wahrscheinlich oft unbemerkt in einer Endlosschleife, die du wieder und wieder durchläufst, bewegt. Tagein und tagaus gab es Programme und Abläufe, denen du immer wieder auf dieselbe oder zumindest ziemlich ähnliche Weise gefolgt bist.

Mit dem unverfälschten Blick auf dein eigenes Spiegelbild, dem Wissen um den ersten Eindruck sowie der Wirkung von Komplimenten durchbrichst du den Panzer deiner unbewussten Routinen. Du saugst alles, was du siehst, tust, anderen mitteilst und was um dich herum passiert, auf wie ein Schwamm. Damit kennst du die Bedingungen, um aktiv am Leben teilzunehmen und deine Wahrnehmung täglich aufs Neue zu trainieren. Du hast somit ganz instinktiv bereits den ersten Satz verinnerlicht:

Inspiration 1:

Nimm das Leben bewusst wahr!

2
GESCHÖNTE
AUSSENDARSTELLUNG

DU BIST UMWERFEND!

Hand aufs Herz – wie sieht es denn mit deiner Außendarstellung aus? Ist bei dir mehr Schein als Sein? Bei dieser doch sehr direkten Frage wirst du jetzt vielleicht instinktiv antworten: „Nein, ich stelle mich nach außen so dar, wie ich bin …" Vielleicht gehörst du wirklich zu einem dieser sehr seltenen Exemplare. Tatsächlich geben sich die meisten Menschen aber gern vollkommen anders, als sie wirklich sind.

Viele Menschen versuchen, sich als schön, reich oder intellektuell zu präsentieren. Dabei wird geflunkert, was das Zeug hält. Britische Forscher wollen herausgefunden haben, dass Männer im Schnitt 1092 Mal pro Jahr, Frauen 728 Mal lügen (vgl. Science Museum: „Lügen").

Ja, du hast richtig gelesen, anscheinend lügen Männer häufiger als Frauen.

Fast immer stellen Lügen die geschönte Version des eigenen Selbst dar.

Interessant ist der Inhalt der Lügen. Männer lügen demnach eher, wenn es in der Außendarstellung um den Job, ihren Erfolg, materielle Werte oder Sex geht. Frauen hingegen lügen am häufigsten bei der Frage nach ihrem Wohlbefinden: „Bei mir ist alles in Ordnung" (vgl. Science Museum: „Lügen").

Wenn du ein Mann bist, wirst du dich jetzt wahrscheinlich gerade köstlich amüsieren, denn vor deinem geistigen Auge hast du garantiert ein Bild deiner Partnerin oder einer Freundin, die dir in einer bestimmten Situation mit großem Nachdruck versichert „Es ist alles in Ordnung", während ihr schmollender Mund fast den Boden berührt und ihr genervter Blick verrät: Stell noch einmal diese Frage, und du bist auf der Stelle tot.

Geschönt und „gepimpt" wird also in der Außendarstellung ständig, sowohl bei der Attraktivität als auch beim privaten und beruflichen Erfolg.

2.1

Attraktivität – wie Kleidung die
Persönlichkeit unterstreichen kann

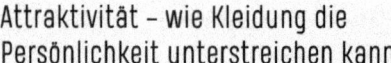

„Die meisten Denkmäler sind hohl."

(Stanislaw Jerzy Lec)

Wenn du ein Mann bist, wirst du beim
Lesen dieses Abschnitts vielleicht einige
Male staunen. Wenn du eine Frau bist,
wird das Zustandekommen äußerer Attraktivität für dich hingegen kein Geheimnis mehr sein. Insbesondere Frauen
flunkern nicht nur verbal, sie motzen
sich auch mit zahlreichen „Hilfsmitteln"
optisch auf. Die Damenwelt (die Herren
holen aber fleißig auf!) hat neben der
klassischen Kleidung ein riesiges Reper-
toire an Möglichkeiten entwickelt, vom
Make-up über die künstliche Haarverlän-
gerung und Push-ups für unterschiedliche Körperregionen bis hin zum kom-
pletten „Ganzkörperkondom", das auch
als „Shapewear" bezeichnet wird.

Während hier vielleicht noch einige männliche Leser darüber grübeln, was damit gemeint ist und ob das aufregend aussieht, kennen nahezu alle Frauen die Wäsche, die ganz nach individuellem Gusto entweder etwas Oberweite dazuschummelt oder eben an der ganzen Silhouette etwas wegmogelt.

Als Mann könnte es sein, dass du diese „Mogelpackung" leider erst dann bemerkst, wenn du am nächsten Morgen neben einer dir völlig unbekannten Frau aufwachst. Das liegt vermutlich nicht daran, dass du zu tief ins Glas geschaut hast, sondern die Dame sich über Nacht all ihrer „Helferlein" entledigt hat …

Die äußere Attraktivität von Männern und Frauen wird hingegen gleichermaßen gern durch gut ausgewählte Oberbekleidung gesteigert.

„Kleider machen Leute" ist ein Sprichwort, das widersprüchliche Gedanken auslösen kann.

Auf der einen Seite willst du nicht als oberflächlich gelten, weil du andere nach der Kleidung beurteilst. Auf der anderen Seite entscheidet dein Gehirn nach uraltem Reflex innerhalb von Sekunden nur aufgrund des Äußeren inklusive Kleidung, ob du einem Menschen Vertrauen entgegenbringen kannst, ihn sympathisch und attraktiv findest. Auch deine Kleidung hat folglich Auswirkungen darauf, was andere über dich denken. Das hat mitunter damit zu tun, dass du dich selbst in bestimmter Kleidung besser fühlst und somit überzeugender auf andere wirkst. So haben kalifornische Forscher herausgefunden, dass formelle Businesskleidung ihren Träger mächtiger und weniger angreifbar macht (vgl. Schmiedel: „Trust-based Leadership").

Wenn du hin und wieder Businesskleidung trägst, kennst du das Phänomen vielleicht selbst oder hast es an anderen beobachten können (es fällt dir wahrscheinlich besonders dann auf, wenn du derselben Person irgendwann einmal in Casualkleidung begegnest).

Die passende Kleidung steigert die Attraktivität und trägt zum eigenen Wohlbefinden bei.

Aus diesem Grunde ist es auch kein bisschen verwerflich, dass du dir Kleidung kaufst, die deine individuellen Vorzüge unterstreicht und mögliche Schönheitsfehler kaschiert. Hübsche Kleidung betont deine Attraktivität, deine Persönlichkeit und Authentizität.

Problematisch wird es, wenn Kleidung dazu dient, sich zu „verkleiden".

Das passiert häufig dann, wenn Menschen durch ihre Kleidung einen gewissen gesellschaftlichen Status unterstreichen wollen. Hier geht es primär nicht mehr darum, den eigenen Körper vorteilhaft zu kleiden, sondern um Selbstdarstellung in Form von Materialismus und Markenwahn. Gerade Menschen, die nicht so viel verdienen und auf den unteren Sprossen der Karriereleiter stehen geblieben sind, neigen manchmal dazu. Darunter finden sich beispielsweise Frauen, die Handtaschen mit übergroßem Markennamen tragen, der an Leuchtreklame erinnert. Männer hingegen setzen auf Hemden, die auf den ersten Blick keinen Zweifel daran lassen, dass das Markensymbol (nicht nur) für die materielle Potenz ihres Trägers steht.

Mit Kleidung, die deine Attraktivität unterstreicht, kannst du gezielt arbeiten, ohne dass die Kleiderwahl zum Wahn werden sollte.

Dabei solltest du immer die spezielle Wirkung berücksichtigen, die deine Kleidung hat, nicht nur auf dich selbst, sondern auch auf andere.

2.2

Showhasen – alles nur schöner Schein?

> „Trust me, everybody is less mysterious
> than they think they are.“
>
> (Claire in „Elizabethtown")

Kennst du sie auch, die vielen kleinen Showhasen, die täglich irgendwo durch dein Leben hoppeln? Für sie besteht die ganze Welt scheinbar aus einer rosafarbenen Puderwolke. Eine grundsätzliche Frage, die sich hier stellt, ist:

Wie echt sind die Menschen, die uns umgeben? Ziehen sie nicht alle nur eine Show ab?

Nicht nur bei der körperlichen Attraktivität wird mit zahlreichen Helferlein geschummelt, was das Zeug hält. Auch die Darstellung des eigenen Jobs, der Karriere und des verdienten Geldes ist nicht selten preisverdächtig. Wären wir beim Film, würde wohl beim Blick hinter die Kulissen so manche „Goldene Himbeere" (erstmals 1981 vergebener Negativ-Filmpreis) verliehen werden.

Wer einmal lügt, dem glaubt man nicht. Das gilt allerdings nur dann, wenn die Lüge auch als solche enttarnt wird.

Während wir unseren Kindern noch fleißig beibringen, dass Lügen keinen Bestand haben, machen wir in der Realität unter Erwachsenen immer wieder die Erfahrung, dass Lügen durchaus gesellschaftsfähig sind und immer seltener aufgedeckt werden. Insbesondere empathische Menschen bemerken schnell, wenn es zu Unstimmigkeiten zwischen gesprochenem Wort und nonverbaler Kommunikation kommt. Mit folgender ernüchternder Erkenntnis:

Geltungslügen zur Verbesserung des eigenen Images kommen häufig zum Einsatz.

Dabei spielen die Schnelllebigkeit von Konsumgütern und die mediale Verbreitung von Informationen via Internet eine zentrale Rolle. Das neueste Smartphone, iPad oder Auto mit allen elektronischen Finessen – egal um welches Statussymbol es sich handelt, es muss möglichst das aktuelle Modell mit stattlichem Preis sein. Darüber hinaus suggeriert uns die Modeindustrie, dass wir möglichst zu jeder Saison den Inhalt unseres Kleiderschranks komplett austauschen müssen, um überhaupt gut gekleidet sein zu können.

Aber hast du dich schon einmal gefragt, wie individuell du wirklich bist, wenn du dich mit Produkten ausstattest, die so viele Menschen zur gleichen Zeit ebenfalls besitzen?

Individualität und Persönlichkeit lassen sich nicht durch Massenware unterstreichen.

Okay, zu dieser Erkenntnis bist du wahrscheinlich schon lange gekommen. Doch was machst du mit diesem Wissen im Hinblick auf deine „Du bist umwerfend!"-Einstellung? Wirst du ab sofort ebenfalls als Showhase durch die Welt hoppeln und Luftschlösser bauen? Oder wirst du doch lieber alles verteufeln, was nach „Show" aussieht, und nur noch auf die pure Wahrheit setzen, koste es, was es wolle? Ich hoffe: weder noch. Das Wissen um die Showhasen ist ein wertvoller Schlüssel zu deiner eigenen umwerfenden Aura. Dir ist klar, dass schöne

Kleidung dein Äußeres in Szene setzt, du weißt aber auch genau, was dir steht, und musst nicht jeden Modetrend mitmachen.

Dir ist bewusst, dass vieles nur schöner Schein ist und du niemanden um etwas beneiden musst, weil du gar nicht genau wissen kannst, ob er es überhaupt besitzt oder ob es nur Teil einer schönen Inszenierung ist.

Das Gras auf der anderen Seite des Zauns ist nicht grüner.

Übung: Showhasen hoppeln lassen

Showhasen wirst du immer wieder in den unterschiedlichsten Lebenslagen treffen. Manchmal ist ihre Show offensichtlich, oft bemerkst du sie erst später, manchmal nie. Stell dir für diese Übung vor, dass du durch Zufall einen alten Bekannten wiedertriffst. Er erzählt dir von seinen abwechslungsreichen Jobs, die ihn bei extrem guter Bezahlung in den letzten Jahren zu den exotischsten Orten der Welt gebracht haben. Aktuell baut er gerade sein eigenes Unternehmen auf. Er betont, wie gewinnbringend es bereits heute schon ist. Zu guter Letzt berichtet er davon, dass er erst kürzlich eine 15 Jahre jüngere Traumfrau geheiratet hat, mit der natürlich auch alles super läuft. Seine Geschichte ist beeindruckend, vielleicht aber auch nur Teil einer eindrucksvollen Inszenierung. Was machst du?

Natürlich könntest du dich noch Tage nach dem Treffen fragen, wie dieser Typ das eigentlich alles so geschafft hat. Im schlimmsten

DU BIST UMWERFEND!

Fall stellst du dir vielleicht sogar die Frage, warum immer die anderen und nicht du …

🫘 Aber warum solltest du überhaupt mit Neid reagieren?

🫘 Was ist an der Geschichte überhaupt dran?

Lass die Showhasen hoppeln, egal wie viel von ihrer Story stimmt oder nicht (vielleicht wirst du das nie herausfinden). Begegne den Menschen mit einem Lächeln, gönne dem Gegenüber sein Glück und konzentriere dich auf deine eigenen Leistungen.

🫘 Worauf kannst du in den letzten Jahren zu Recht stolz sein, ohne eine Geschichte erfinden zu müssen?

Notiere dir mindestens drei persönliche Erfolge aus deinem Privat- oder Berufsleben, und du wirst bemerken, dass du dich keineswegs verstecken musst.

Notizen:

....

....

....

....

....

....

....

2.3

Authentizität – wie echt bist du?

Sei du selbst.
Alle anderen sind bereits vergeben."

(Oscar Wilde)

Wann findest du einen Menschen umwerfend? Um diese Frage zu beantworten, brauchst du dir nur einen Menschen aus deinem Umfeld herzunehmen, der deine individuellen Kriterien dazu erfüllt. Wahrscheinlich ist es jemand, der seinen ganz eigenen Kleidungsstil hat und damit seine Persönlichkeit auf angenehme Art und Weise unterstreicht. Vermutlich ist es eine Person, die in ihrem Leben tatsächlich etwas geleistet und erreicht hat, damit aber nicht täglich hausieren geht. Und wahrscheinlich ist der Mensch, an den du da gerade denkst, nicht bildschön im Sinne einschlägiger Modezeitschriften, besitzt aber eine Ausstrahlung, die dich jedes Mal verzaubert. Egal ob Mann oder Frau, diese Person ist mit Sicherheit eins: authentisch.

Menschen die authentisch sind, ziehen uns magisch an.

Betrachte dich einmal kritisch selbst. Wie authentisch wirkst du nach außen? Wann sagst und tust du wirklich das, was du denkst? Das beginnt bei der Kleidung, geht über das gesprochene Wort bis hin zu dem, wofür du stehst. Selbst wenn du jetzt in deinem stillen Kämmerlein feststellst, dass du aktuell gerade wenig authentisch bist, heißt das nicht, dass das so bleiben muss. Nimm dir bewusst vor, authentisch zu sein – nicht mit einem Schlag, sondern in vielen kleinen, alltäglichen Situationen. Dazu gehört zum Beispiel auch, dass du mal zugibst, wenn gerade nicht alles in Ordnung ist, anstatt darüber verbissen wegzulächeln.

Authentizität heißt, dir selbst treu zu sein, jeden Tag ein Stück mehr.

Akzeptiere dich selbst, so wie du bist, und du wirst merken, wie du deiner neuen Lebenseinstellung „Ich bin umwerfend!" wieder ein ganzes Stück näherkommst.

2.4

Fazit

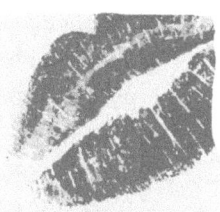

Ja, die Wahrheit ist hart, aber bei der Außendarstellung dreht sich vieles nur um den schönen Schein. Darüber kannst du dich jetzt ewig grämen, oder aber du siehst auch darin das Positive. Denn mit dieser Erkenntnis kannst du die vielen kleinen Alltagssituationen neu einordnen und sogar gezielt für dich selbst nutzen:

Beispielsweise unterstreichst du von nun an deine äußere Attraktivität mit der passenden Kleidung, ohne dich den Vorgaben der Modebranche oder der Gesellschaft bedingungslos zu unterwerfen.

Außerdem verschwendest du für die ganzen Showhasen um dich herum jetzt nicht mehr als ein müdes Lächeln.

Richte den Fokus auf deine eigene Authentizität und die damit verbundene

Möglichkeit: dich selbst zu mögen, so wie du bist. Du rollst mit den Augen? Dabei geht es natürlich nicht um Selbstgefälligkeit oder das „Schönreden" deiner Schwächen und Fehler. Gemeint ist die Akzeptanz, dass nichts und niemand vollkommen ist – sorry, nein, auch du nicht. Das gilt für die äußere Erscheinung ebenso wie für die Fähigkeiten, die uns von der Natur mitgegeben wurden.

Nutze die Gelegenheit, um etwas über dich selbst zu erfahren. Mit Sicherheit findest du eine ganze Reihe von positiven Besonderheiten, die deine Persönlichkeit auszeichnen und dich authentisch machen. Gib dir an dieser Stelle selbst mal einen fiktiven Kuss, denn du hast bereits das nächste Ziel umgesetzt.

Nimm dich selbst an!

3

VIELSCHICHTIGE
INNENWELT

DU BIST UMWERFEND!

„Der Sitz der Seele ist da,
wo sich Innenwelt und Außenwelt berühren."

(Novalis)

Kommen wir zu einem sehr interessanten Punkt: deiner Innenwelt.

Präsentierst du in der geschönten Außendarstellung viel, bleibt deine Innenwelt den meisten Menschen zum großen Teil oder gar vollständig verborgen.

Schade eigentlich, empfindest du das nicht auch so?

Wie spannend wäre es, wenn wir uns auf die Reise in die vielschichtige Innenwelt eines Menschen begeben könnten.

Wie wäre es, wenn wir dabei nicht nur die Anatomie erkunden könnte wie im Film „Die Reise ins Ich" (Originaltitel: „Innerspace", 1987), sondern einen Menschen tief verstehen lernen würden, als wäre er ein Teil unserer selbst?

Doch wie könnten sich die Innenwelt und die Seele eines Menschen begreifen und fassen lassen?

Versuche gab es dazu jedenfalls schon einige. So führte der US-amerikanische Arzt Duncan MacDougall 1901 Experimente durch, in denen er das Gewicht der Seele zu messen versuchte und eine 21-Gramm-Hypothese aufstellte.

MacDougalls Experimente gingen in die Geschichte ein, gelten heute aber als unwissenschaftlich.

Rudolf Ludwig Karl Virchow (1821 – 1902: Pathologe und Politiker) bemerkte einmal sarkastisch: „Ich habe so viele Leichen seziert und nie eine Seele gefunden." Danach verschwand der Begriff der Seele aus der Psychologie. Der Psychologe Ulrich Weger stellte fest, dass die wenigsten wissenschaftlichen Fachartikel heute noch das Wort „Seele" enthalten.

Kein Wunder, dass immer häufiger von einer „Wissenschaft ohne Seele" gesprochen wird. Dennoch glauben, repräsentativen Umfragen zufolge (vgl. Statista: „Glauben an Leben nach dem Tod in Deutschland"), 70 Prozent der Deutschen an die Existenz einer Seele, und das relativ unabhängig von der religiösen Überzeugung. Vielmehr scheint der Wunsch nach einer Instanz, die unsere Identität einzigartig macht, über die Jahrhunderte hinweg ungebrochen zu sein.

Dabei ist die Definition der Seele alles andere als eindeutig und reicht von Unsterblichkeit des Geistes bis hin zur Umschreibung für die Gesamtheit unserer geistigen Fähigkeiten und der Vielschichtigkeit der Innenwelt eines Menschen. Aber egal, ob wir unser Innenleben als Seele bezeichnen wollen, wir können es jeden Tag wahrnehmen und werden bei unzähligen täglichen Entscheidungen, die wir in der Außenwelt treffen, auch von unserem aktuellen Selbstwert und dem Bezug zum eigenen Ich beeinflusst.

Was aber hat die vielschichtige Innenwelt oder gar die Seele mit einer umwerfenden Wirkung auf andere zu tun? Ganz gleich, ob beruflich oder privat, umwerfende Persönlichkeiten schaffen es, dir einen Teil ihrer Innenwelt zu zeigen.

Denke einfach mal an eine Person, die du umwerfend findest. Ist sie in der Lage, dir ihre Innenwelt näherzubringen? Ist es vielleicht eine besonders hilfsbereite Person, die aus tiefster innerer Überzeugung heraus im Sozialwesen arbeitet, oder ein kreativer Kopf, der Theaterstücken, Skulpturen etc. Leben einhaucht? Ein Mensch, der das Abenteuer liebt und dich in seinen Bann zieht, oder eine Person, die in der Öffentlichkeit steht? Die Beispiele könnten an dieser Stelle nahezu endlos fortgesetzt werden. Eines haben diese umwerfenden Persönlichkeiten aber gemeinsam:

Umwerfende Persönlichkeiten brennen in ihrer Innenwelt für etwas – dieses Feuer ist außen zu spüren und greift auch auf andere Menschen über.

Umwerfende Persönlichkeiten fokussieren ihre Gedanken selten auf das Negative. Sie verbinden das, wofür sie brennen, mit positiven Gedanken. Sie lassen sich von ihrer positiven Gedankenwelt beflügeln.

Wie beeinflusst deine Gedankenwelt dein tägliches Leben?

DU BIST UMWERFEND!

3.1

Gedankenwelt – warum
Neuordnung guttut

„Der Kopf ist rund,
damit unsere Gedanken
die Richtung ändern können."

(Albert Einstein)

Ganz gleich, wie unsere Innenwelt aussieht und was uns gerade bewegt, entscheidend ist die Frage, was wir in unserer Gedankenwelt daraus machen. Gehörst du vielleicht zu den Menschen, die
oft ins Grübeln verfallen und die sich
häufig in einem Gedankenkarussell wie-
derfinden, aus dem sie manchmal erst
nach Tagen aussteigen können?

Dann stell dir selbst die Frage, wie oft
negative Gedanken dich daran hindern,
dein vielschichtiges und interessantes

Inneres zu zeigen. Sind es wirklich die Menschen in der Außenwelt, die dich oder dein Tun negativ wahrnehmen, oder bist am Ende nur du selbst dein größter Kritiker? Erwischt, du schmunzelst gerade, weil dies den Nagel auf den Kopf trifft.

Schön und gut, denkst du jetzt vielleicht gerade, aber du siehst als eingefleischter Grübler kaum Möglichkeiten, deine Situation zu verändern?

Wenn dir dann schon einmal Lösungen auf deine quälenden Fragen einfallen, sind sie oft nicht hilfreich oder du kannst dich einfach nicht dazu durchringen, sie umzusetzen?

Wir könnten jetzt in kollektives Selbstmitleid verfallen und auf die Befreiung aus der ewigen „Grübelhölle" warten, idealerweise durch einen oder am besten gleich mehrere Menschen, die unser wahres, gutes Innenleben erkennen und uns dafür bedingungslos lieben. Dieser romantische Ansatz ist aber selbst in Grimms Märchen schon oft fehlgeschlagen, also sollten wir Alternativen suchen, oder? Zunächst einmal ist die folgende Erkenntnis eines klugen Kopfes sehr hilfreich:

DU BIST UMWERFEND!

„Die einzigen wirklichen Feinde eines Menschen sind seine eigenen negativen Gedanken." (Albert Einstein)

Wenn du dir diese Grundhaltung immer einmal wieder ins Gedächtnis rufst, hast du schon einen großen Schritt in die richtige Richtung gemacht, dich nach außen zu öffnen und etwas von deiner umwerfenden Innenwelt preiszugeben. Darüber hinaus gibt es ein paar psychologische Übungen, die du ganz leicht anwenden kannst. Mit ein wenig Ausdauer wirst du bald bemerken, wie gut dir die Neuordnung deiner Gedanken tut.

Übungen: Der Grübelfalle entkommen

Übung 1

Du tappst regelmäßig in die Grübelfalle – dann ist es an der Zeit, dich auch selbst wieder daraus zu befreien. Beobachte zunächst deine Gedanken. Manchen Menschen ist gar nicht bewusst, wie oft sie ins Grübeln kommen. Für diese Übung stelle dir folgende Fragen:

In welchen Situationen kommen in dir welche quälenden Fragen auf und wie lange sinnierst du darüber? Hilfreich ist es dabei, dem jeweiligen Gedanken 2 Minuten intensiv nachzugehen. Ist danach ein Lösungsansatz erkennbar oder fühlst du dich weniger niedergeschlagen? Nein?

Dann kannst du dir zunächst sicher sein, dass du nicht nur nachgedacht, sondern tatsächlich gegrübelt hast. Um diesem Gedankenkarussell zu entkommen, hilft es dir, deine Aufmerksamkeit bewusst umzulenken. Das können Aktivitäten sein, die neutrale oder positive Gefühle hervorrufen oder dich auf vollkommen andere Gedanken bringen, beispielsweise das Treffen mit Freunden. (Eher ungeeignet sind routinierte Aktivitäten wie Putzen oder Joggen, die das Grübeln oft noch verstärken.) Die umgelenkte Aufmerksamkeit hilft dir allerdings meist nur kurzfristig.

Übung 2

🦪 Dauerhaft gegen das Gedankenkarussell helfen Achtsamkeitsübungen. Eine Achtsamkeitsübung kann zum Beispiel sein, dass du dich bewusst an einen schönen Ort setzt, die Augen schließt und dir deinen Gedankenstrom vorstellst. Deine Gedanken kommen, fallen auf Blätter, die im Fluss schwimmen, und fließen an dir vorbei. Yoga oder Meditation können Achtsamkeitsübungen unterstützen.

Übung 3

🦪 Wenn ein drängendes Thema wiederkehrt, kannst du es gedanklich auf „Wiedervorlage" setzen. Notiere dir dazu dein Problem auf einem Zettel und lege ihn beiseite. Setz dich später hin – wenn möglich erst am folgenden Tag – und nimm dir 20 Minuten Zeit, aktiv eine Lösung dafür zu finden. Wenn man einer Grübelei erst später nachgeht, ist sie oft nicht mehr so emotional aufreibend und zermürbend. Natürlich gilt das nicht automatisch für alle Probleme. Gibt es wiederkehrende Ursachen für Grübeleien, wie Streit in der Partnerschaft, Auseinandersetzungen mit Kollegen oder Vorgesetzten, solltest du die Probleme aktiv angehen, um sie aus der Welt zu schaffen. Es ist nicht schlimm, wenn das vielleicht nicht beim ersten Anlauf gelingt. Halte dir aber immer vor Augen, dass Grübeleien ähnlich auf den Körper wirken wie Stress und es dabei zu einer vermehrten Ausschüttung von Stresshormonen kommt, die für Anspannung sorgen und langfristig krank machen können.

3.2

Schutzmauer – warum du die Tür zur Außenwelt nicht zuschlagen solltest

„An Mauerwände kann man keine Pastelle malen. Ich muss also den breiten Pinsel nehmen."

(Kurt Tucholsky)

Schutzmauern, die unsere vielschichtige Innenwelt vor lästigen Angriffen von außen schützen, haben auf den ersten Blick zahlreiche Vorteile. Gerade wenn du vielleicht schon in der Kindheit Angriffe oder schwere Verletzungen hinnehmen musstest, denen du schutzlos ausgeliefert warst, hast du wahrscheinlich im Laufe deines weiteren Lebens intensiv an einem hohen, dicken und undurchdringlichen Schutzwall gearbeitet. Das ist mehr als verständlich.

Aber auch, wenn du eine behütete Kindheit hattest, wird es spätestens im Erwachsenenalter nicht ausgeblieben sein, dass du enttäuscht oder verletzt worden bist. Doch jeder geht damit anders um.

Viele Menschen entwickeln eine Schutzhaltung getreu dem Motto: Wenn ich nichts erwarte, kann ich auch nicht (mehr) enttäuscht werden.

Grundsätzlich mag diese Methode vielleicht hilfreich sein, sie birgt jedoch die Gefahr, dass sich hinter der Mauer eine eigene Welt entwickelt, die stark von Ersatzgefühlen genährt wird. Agierst du dann aus deiner sicheren Schaltzentrale mit deiner Umwelt, hat das für Außenstehende oft etwas Befremdliches. Dein Verhalten kann dann in der jeweiligen Situation schnell als unangemessen und für andere schwer verständlich oder gar als arrogant und gefühlskalt wahrgenommen werden. Andere glauben dann vielleicht, du seist immun gegen jegliche Form von Attacken, doch in Wirklichkeit verhindert die Schutzmauer, dass du überhaupt mit der Außenwelt in Kontakt kommst. Du verschanzt dich, um keine Schmerzen zu fühlen. Was recht vorteilhaft aussieht, ist aber keine Dauerlösung, denn:

Die Schutzmauer wirkt in beide Richtungen – es dringt nichts mehr von außen herein, aber es gelangt auch nichts mehr von deiner Innenwelt nach draußen.

Kein Mensch außerhalb deiner Mauer hat eine Chance, deine umwerfende Innenwelt kennenzulernen: ein Teufelskreis, denn desto mehr du dich abkapselst, desto unscheinbarer wirst du. Du verblasst regelrecht in der Außenwelt, und hinter deiner Schutzmauer wirst du immer unzufriedener. Aber wie kannst du dich vor bösartigen Angriffen zuverlässig abschirmen, dennoch genügend von der Außenwelt an dich heranlassen und gleichzeitig etwas von deiner umwerfenden Innenwelt preisgeben?

Ein flexibler Schutz bewahrt dich vor böswilligen persönlichen Verletzungen. Die Tür zu Außenwelt wird aber offen gehalten, um Weiterentwicklung, Inspiration und Lebensfreude zu ermöglichen.

Du fragst dich jetzt, wie so ein flexibler Schutz im Alltag aussehen kann? Hier bekommst du ein Werkzeug an die Hand, das dich auch in verzwickten Situationen innerlich lächeln lässt.

Übung: Der flexible Heldenanzug

🖉 Stell dir vor, du bist Superman oder Superwoman. Dein Heldenanzug bietet dir flexiblen Schutz, wann immer du gegen das Böse da draußen ankämpfen musst. Er macht dich unverletzlich und unbesiegbar.

DU BIST UMWERFEND!

◈ Natürlich kannst du im Alltag nicht laufend mit diesem auffälligen Fummel herumlaufen (das machen Superman und Superwoman ja auch nicht), also trägst du normalerweise etwas, worin du dich wohlfühlst, und bist damit offen für das Leben. Wirst du aber von einem „Feind" attackiert, ziehst du in Gedanken blitzschnell deinen Heldenanzug an, und keiner kann dir was anhaben.

◈ Du wirst innerlich sicher Schmunzeln müssen, wenn du das erste Mal gedanklich in deinen Heldenanzug springst. Aber überzeuge dich selbst, welche mentale Stärke du auf einmal besitzt: Mit einem flexiblen Schutz bist du gewappnet, und unsachliche, persönlich beleidigende Angriffe prallen an dir ab. Du kannst aber auch jederzeit alles von der Außenwelt empfangen, was dir guttut und dich wachsen lässt. Mache dir bewusst, dass du wie ein Pilz im Wald auf Dauer nur durch eine nährreiche Symbiose mit deinem Umfeld auch deine eigene vielschichtige Innenwelt bereicherst und daran wächst.

◈ Mit dem Werkzeug des flexiblen Heldenanzugs hast du einen wichtigen weiteren Schritt gemacht: Deine umwerfende Innenwelt kann jetzt ungehindert nach außen strahlen, und wenn du wirklich Schutz brauchst, machst du in deinem imaginären Heldenanzug garantiert eine super Figur.

3.3

Wahrnehmung – die eigene
Kurzsichtigkeit erkennen

„Was man als Blindheit des Schicksals bezeichnet,
ist in Wirklichkeit bloß die eigene Kurzsichtigkeit."

(William Faulkner)

Dir ist sicherlich längst bewusst, dass
unsere Wahrnehmung stark einge-
schränkt ist. Selbst wenn du über eine
gute Wahrnehmung verfügst (die du übrigens jeden Tag trainieren kannst, wie
einen Muskel), ist sie immer selektiv. Das
heißt, du bekommst immer nur einen
Ausschnitt mit, der durch deine subjektive Erfahrung, Haltung oder Lebenseinstellung gefärbt wird. Mit unserer Wahrnehmung verhält es sich wie mit einer
angeborenen Kurzsichtigkeit. Erst mit

dem Blick durch eine geeignete Brille sind wir in der Lage, die Welt da draußen genauer zu betrachten. Entscheidend dabei ist, welches Brillenmodell du ausgewählt hast. Bist du ein geborener Optimist, verfügst du also quasi über eine Brille mit Wahrnehmungsfilter, der vieles positiv erscheinen lässt (bis hin zur Metapher der rosaroten Brille). Übrigens gibt es unter den umwerfenden Personen zahlreiche Optimisten.

Dein Wahrnehmungsvermögen trägt maßgeblich dazu bei, was du ·tust und was dir im Leben widerfährt.

Bist du ein typischer Pessimist, malst du zur Sicherheit schon vorab jede Situation schwarz. Du trägst wahrscheinlich auch an einem wolkenverhangenen Tag das Modell Sonnenbrille mit hohem Lichtschutzfaktor. Besonders gut sehen kannst du damit aber nicht. Dabei bemerkst du auch nicht, dass deine eigne Kurzsichtigkeit und die damit verbundene negative Wahrnehmung automatisch dafür sorgen, dass du deine Ziele nie erreichst und immer alle gegen dich sind. Aufgrund dieser inneren Überzeugung nimmst du alles, was um dich herum passiert, negativ wahr. Somit hast du im Laufe deines Lebens verlernt, deiner Wahrnehmung zu vertrauen und sie als zuverlässigen Kompass zu nutzen.

Ein weiterer Fakt ist, dass jeder seine eigene Wahrnehmung hat und ein und dieselbe Situation von jedem Menschen ganz unterschiedlich aufgenommen wird.

Jeder Mensch hat eine ganz eigene Wahrnehmung und somit auch „seine" eigene Wahrheit.

So hart es klingen mag, aber diese Tatsache solltest du akzeptieren. Es mag Menschen geben, die eine ähnliche Wahrnehmung haben wie du und die dir aus diesem Grund näher sind als andere. Aber in den einzelnen Facetten wird deine Wahrnehmung immer einzigartig sein. Sogar deine Tagesform bestimmt über deine Wahrnehmung. An einem nebligen Dezembertag, an dem du von deinem Vorgesetzten auch noch ungeplant Arbeit aufgebrummt bekommst, ist deine Wahrnehmung mit Sicherheit nicht gerade rosarot. An einem derartigen Tag genügt bereits das kleinste falsche Wort oder eine nicht eindeutige Geste, und du könntest die ganze Welt verfluchen.

Schwieriger wird es, wenn diese selektive und subjektive Wahrnehmung dauerhaft negativ gefärbt ist. Buchautor Stephen

Covey macht die Konsequenzen mit der folgenden Aussage deutlich (Covey, „The 7 Habits of Highly Effective People"):

„What you see is what you get!" (Stephen Covey)

Dein ganz eigenes Wahrnehmungsvermögen entscheidet maßgeblich mit, was du im Leben bekommen und wozu du in der Lage sein wirst. Natürlich steht es dir frei, dich weiter als Verlierer in einer immer härter werdenden Gesellschaft zu sehen. Ja, die Welt da draußen kann grausam sein, aber daran änderst du nichts, wenn du dich selbst negativ wahrnimmst. Oft handelt es sich frei nach William Faulkner nicht um das Schicksal, das es nie gut mit dir meint, sondern um deine eigene Kurzsichtigkeit, die dich den Wald vor lauter Bäumen nicht sehen lässt.

Wie wäre es, wenn du die Opfer-Komfort-Zone verlässt und mit dem Training beginnst? Deine Wahrnehmung lässt sich nämlich aktiv schulen, indem du jede Gelegenheit nutzt, um in dich „hineinzuspüren" und Situationen mit allen dir zur Verfügung stehenden Möglichkeiten optimal zu erfassen.

Dazu gehört auch, dass du auf die Sprache deines Körpers hörst und nicht erst akute Krankheitsbilder, sondern bereits kleinste Veränderungen wahrnimmst. Dies soll aber keinesfalls zu Hypochondrie führen (nicht jeder Schmerz ist gleich ein Blick in das Antlitz des Todes).

Achte auf die Empfindungen deines Körpers, nutze deine intuitive Wahrnehmung und lass dich von ihr leiten.

Wenn du versuchst, Situationen bewusst mit allen Sinnen wahrzunehmen, wirst du schnell bemerken, dass täglich Wunder auf dich warten.

Okay, du träumst jetzt vielleicht von einer schicksalshaften Fügung, die dir einen Lottogewinn beschert, der dich auf einen Schlag für den Rest deines Lebens von all deinen Geldsorgen befreit.

Dann kannst du genauso gut daran glauben, dass du demnächst vom Blitz getroffen wirst, und solltest dir am besten auch schon mal einen wirklich zuverlässigen Schutzhelm besorgen!

Denn die Wahrscheinlichkeit für einen beachtlichen Lottogewinn liegt irgendwo zwischen der, von einem Blitz getroffen (bei etwa 1:3.000.000), und der, von einem Meteoriten erschlagen (bei 1:182.138.880.000.000) zu werden. Sorry, an dieser Stelle wird wahrscheinlich auch der Schutzhelm den Kollateralschaden nicht abwenden können.

Nein, gemeint ist hier, dass du aktiv damit beginnst, die kleinen täglichen Wunder als Lebenselixier zu erkennen.

Gerade die kleinen Wunder besitzen die größte Magie.

Du bist heute Morgen aufgewacht und warst gesund? (Jetzt einmal abgesehen von ein paar vielleicht altersbedingten Wehwehchen.) Phantastisch! Du hast heute einen interessanten Menschen kennengelernt? Toll, denn oft wird aus einer scheinbar unbedeutenden Begegnung etwas Großes.

Du fragst dich jetzt, was das mit deiner subjektiven Gedankenwelt und deiner umwerfenden Aura zu tun hat?

Alles!

Wenn du positive Gedanken zulässt und sie täglich verinnerlichst, wird sich deine Sicht auf die meisten Ereignisse nach und nach (nicht von heute auf morgen!) positiv verändern.

Du bist nicht länger das willenlose Opfer, das vom tragischen Schicksal gebeutelt wird, sondern kannst ganz einfache

Mittel nutzen, um die täglichen kleinen
Wunder zu entdecken und in deinen
Gedanken zu manifestieren. Das kann
ein Spaziergang in der Natur sein, eine
liebevolle Umarmung oder eine winzige
Geste.

**Lenke deine Gedanken in positive Bahnen, und dir werden positive
Dinge widerfahren.**

Schau dich jetzt in diesem Moment einmal selbst an. Werde dir deiner selbst
bewusst. Aufgrund deiner neu ausgerich-
teten, positiven Wahrnehmung wirst du
erkennen, wie umwerfend deine Aura
inzwischen bereits ist.

3.4

Fazit

Richtig, dein Selbstwert wird stark von deinen Denkprozessen beeinflusst (vgl. Hautzinger: „Kognitive Therapie der Depression").

Manifestierte Grundannahmen, wiederkehrende „Grübelfallen" sowie eine verzerrte Wahrnehmung führen in eine Einbahnstraße. Ist diese Einbahnstraße noch mit einer undurchdringlichen Selbstschutzmauer abgeriegelt, wird eine Stärkung deines Selbstwerts unmöglich. Der Ursprung dieser Misere liegt in deinen *Gedanken*.

So heißt es im Talmud:

- Achte auf deine Gedanken, denn sie werden Worte.
- Achte auf deine Worte, denn sie werden Handlungen.
- Achte auf deine Handlungen, denn sie werden Gewohnheiten.

🌰 Achte auf deine Gewohnheiten, denn sie werden dein Charakter.

🌰 Achte auf deinen Charakter, denn er wird dein Schicksal.

> Glückwunsch, du hast einen weiteren Schlüssel zur Stärkung deines Selbstwerts entdeckt:

Inspiration 3:

Achte auf deine Gedanken!

4

GUTE
GESELLSCHAFT

DU BIST UMWERFEND!

> „Lege Wert auf gute Gesellschaft,
> auch wenn du alleine bist."
>
> (Altes ungarisches Sprichwort)

Sich „in guter Gesellschaft befinden" – was verbindest du eigentlich damit?

Zunächst denkst du dabei vermutlich an eine gern genutzte Redewendung, die zum Ausdruck bringt, dass du dich mit angenehmen Menschen umgibst.

Im traditionellen, also eher etwas altmodischen Sinne bedeutet diese Redewendung aber, sich zwischen Menschen zu bewegen, die aufgrund von Besitz und Macht gesellschaftlichen Status erlangt haben und zu einer Elite gehören – was auch immer du gerade darunter verstehen magst. Darüber hinaus bedeutet „in guter Gesellschaft" auch, dass eine Wertegemeinschaft für gut empfunden wird, da sie vorteilhaft für die Entwicklung des jeweiligen Individuums scheint (vgl. Hensel: „In guter Gesellschaft").

In guter Gesellschaft zu sein, war also in vergangenen Jahrhunderten vielleicht in vielen Situationen überlebensnotwendig, entschied doch oft der Standesdünkel über Glück oder Unglück. In unserer modernen Zeit spielt dieser Umstand hierzulande, zumindest für das tägliche Leben, eher eine untergeordnete Rolle. Heute geht es mehr um den zuerst genannten Ansatz, dass du dich in guter Gesellschaft befindest, wenn du dich mit Menschen umgibst, die dir auf irgendeine Art und Weise guttun. Es sei denn, du legst größten Wert auf materielle Dinge, die du dir selbst nicht leisten kannst, aber zum Beispiel von deinem Lebenspartner gern bezahlen lässt.

Doch Achtung: Dabei handelt es sich nicht um gute Gesellschaft, sondern um ein Abhängigkeitsverhältnis.

„Manche Menschen wollen glänzen, obwohl sie keinen Schimmer haben!" (Heinz Erhardt)

Du hast das Privileg, nicht hungern zu müssen und dich mit dem tieferen Sinn der Frage beschäftigen zu können, wann du wirklich in guter Gesellschaft bist: Wenn du dich mit deinen engsten Freunden umgibst, wenn du gerade deine Widersacher gekonnt in Schach hältst oder gar wenn du allein bist, ohne einsam zu sein?

DU BIST UMWERFEND!

Das Optimum guter Gesellschaft wird sicherlich durch ein ausgewogenes Verhältnis aller drei Aspekte – Freunde, Widersacher und Alleinsein – erreicht.

Es ist toll, wenn du ausgewählte gute Freunde hast, die dich durch alle Höhen und Tiefen deines Lebens begleiten und dir sogar in Zeiten von schweren Krankheiten zur Seite stehen. Du solltest diesen höchstbesonderen Individuen immer einmal wieder sagen, dass sie umwerfend sind und wie sehr du ihre Gegenwart schätzt. Selbst wenn du ein Mann bist, der höchsten Wert auf nüchternen Sachverstand legt und große Emotionen nur in einem zaghaften Lächeln nach außen trägt (um ja nicht gefühlsduselig zu wirken), kannst du dies tun. Denn: Es gibt tausend Wege, einen wertvollen Menschen wissen zu lassen, wie umwerfend er ist. Nutze nur einen davon, und du wirst sehen, was passiert.

Doch was wäre all das Licht, wenn es nicht auch Schattenseiten geben würde: Widersacher, die dir scheinbar das Leben schwer machen und jeden deiner Fehltritte vergelten.

Doch was können deine Widersacher dir anhaben?

Wächst du nicht auch ein Stück weit an jeder neuen Herausforderung, und sorgen nicht gerade deine Gegner oft dafür, dass du noch etwas weiter oder höher kommst, als du es dir vorgenommen hast?

Ein interessanter Gedanke oder? Zumal du, abhängig von Alter und Lebensumständen, nicht immer aus freien Stücken wählen kannst, in welcher Gesellschaft du dich gerade befindest. So musst du dich, wenn du in einem typischen Angestelltenverhältnis arbeitest, mit bestimmten Menschen auseinandersetzen, ob du willst oder nicht.

Freunde, Widersacher – und was ist eigentlich mit dir selbst? Benötigst du immer Gesellschaft oder weißt du das Alleinsein zu schätzen? Und befinden sich andere Menschen denn gerne in deiner guten Gesellschaft?

DU BIST UMWERFEND!

4.1

Freunde – Everybody's Darling oder Nerd?

> „Mit der Gesellschaft zu leben – welche Qual!
> Aber außerhalb der Gesellschaft zu leben –
> welche Katastrophe!"
>
> (Oscar Wilde)

Wie so oft verhalten sich Menschen auch in Bezug auf Freundschaften ganz unterschiedlich. Einige kann man als „Everybody's Darling" bezeichnen. Wenn du zu dieser Gruppe gehörst, hast du wahrscheinlich viele Freunde und einen riesigen Bekanntenkreis. Das kann in deinem offenen und freundlichen Naturell, deiner Eloquenz oder auch deiner beruflichen Tätigkeit (z. B. im Vertrieb, als Dienstleister in einem Laden oder Lokal, wo man täglich Umgang mit vielen Menschen hat) begründet sein. Als Everybody's Darling betrittst du den

Raum und stehst meist sofort im Mittelpunkt.

Wer Everybody's Darling ist, wird von Freunden und Bekannten geschätzt und bezieht aus dieser Wertschätzung Selbstbestätigung.

Wunderbar, denn so bekommst du als Everybody's Darling täglich aufs Neue bestätigt, wie umwerfend du bist, und kannst dadurch dein Selbstwertgefühl immer wieder stärken. Doch wie sieht es tief in dir drin wirklich aus? Was passiert an Tagen, an denen du keine externe Selbstbestätigung erhältst?

Als Everybody's Darling kommt es vor, dass du in eine Sinnkrisen verfällst, wenn du keine Bestätigung von außen erfährst.

Du stellst dir dann automatisch die Frage, wie viele von deinen Freunden und Bekannten dich tatsächlich kennen und hinter deine Fassade blicken können.

Die Kehrseite deines Daseins als Everybody's Darling kann mangelnde Authentizität sein. Denn Hand aufs Herz, wer hüpft denn schon jeden Tag bestens gelaunt und offen für alle Menschen, die den Weg kreuzen, durch die Gegend? Du spielst vielleicht nach außen nur eine Rolle, die du aber ablegst, wenn du abends zur Ruhe kommst. Du wirst vielleicht sogar zu einem Häufchen Elend, weil du dich selbst alles andere als umwerfend findest und nur durch die Bestätigung anderer deinen Selbstwert definierst.

Das andere Extrem ist der „Nerd". Vielleicht gehörst du ja auch zu dieser Gattung, die wortkarg durchs Leben geht und nur wenige Menschen um sich schart, sich aber prima mit Einsen und Nullen auskennt.

Der Nerd gilt eher als Außenseiter oder manchmal auch als Sonderling.

Wenn es dann um Binärcode oder ein anderes dir vertrautes Thema geht, taust du plötzlich auf und kannst ausführlich berichten. Vielleicht möchtest du dann sogar deine Meinung gern anderen aufdrücken.

Der Nerd bezieht seinen Selbstwert nicht durch andere, kann aber unter seinem Außenseiterdasein still leiden.

Vielleicht bist du insgeheim stolz darauf, dass du dich nicht durch andere bestätigen lassen musst, um zu wissen, wie umwerfend du bist. Super! Aber im stillen Kämmerlein wünschst du dir vielleicht doch hin und wieder, eloquenter und witziger zu sein, um vielleicht gerade beim anderen Geschlecht besser anzukommen?

Höchstwahrscheinlich bist du aber weder Everybody's Darling noch Nerd, sondern bewegst dich irgendwo dazwischen, mit einer Tendenz in die eine oder andere Richtung. Fakt ist, zum Thema Freunde existieren zahlreiche Studien (vgl. u. a. Krüger: „Freundschaft: beginnen – verbessern – gestalten"), die dich garantiert auf den Boden der Tatsachen holen.

Denn was glaubst du, wie viele wirklich gute Freunde hat ein Mensch? Psychologe und Autor Wolfgang Krüger hat diese Frage in einem Interview nüchtern beantwortet:

Wenn es hoch kommt, haben wir drei wirklich gute Freude.

Die Bilanz fällt in der Realität oft niedriger aus, denn wir pflegen im Schnitt rund zwölf Durchschnittsfreundschaften, und die Übergänge sind hier (wie du sicher auch schon bemerkt hast) eher fließend. Zu den Durchschnittsfreuden gehören Menschen, die wir zu Geburtstagen einladen und über die wir etwas mehr wissen. Alle weiteren Mitmenschen sind Bekannte oder Nachbarn, mit denen wir uns mehr oder weniger oft aus privaten oder beruflichen Gründen umgeben. Ein weiterer Fakt, den Krüger bestätigt, ist:

Die Anzahl der Freundschaften sinkt mit steigendem Lebensalter.

Bis etwa Mitte 20 begegnen dir in Schule, Ausbildung oder Studium immer wieder zahlreiche neue Menschen, die ebenfalls noch ungebunden und auf der Suche nach Freundschaften sind. Je älter du wirst, umso mehr Menschen triffst du, die bereits in Freund- und Partnerschaften fest verankert und sozusagen „absorbiert" sind. Das macht es schwerer, neue Freunde zu gewinnen (vgl. Krüger: „Freundschaft: beginnen – verbessern – gestalten").

Doch es gibt auch Licht am Ende des Tunnels, und nein, es ist nicht der entgegenkommende Zug:

Je älter wir werden, desto besser werden unsere Freundschaften.

Deine Menschenkenntnis verbessert sich mit jedem Jahr, und du fällst weniger auf Blender herein. Darüber hinaus kannst du ab einem bestimmten Lebensalter auch vieles mit einem Quäntchen Ironie und Humor wahrnehmen.

„Zeig mir deine Freunde, und ich sage dir, wer du bist ..." Diese These ist weit verbreitet, trifft aber auf bestimmte Menschen überhaupt nicht zu. Das glaubst du nicht?

Vielleicht bist du, ohne es bislang bemerkt zu haben, einer davon.

Gerade sehr empathische oder hochsensible Menschen sind häufig kein Spiegelbild ihrer Freunde.

Wenn du zu diesen Menschen gehörst, ist dein Freundeskreis vermutlich atypisch und will beim ersten Blick so gar nicht zu dir passen.

Zu deinem engen Freundeskreis zählen dann vielleicht auch Menschen, die für Außenstehende nicht gleich auf Anhieb sympathisch wirken. Ein Grund hierfür liegt wahrscheinlich darin, dass du als empathischer Mensch gern hinter die Fassaden schauen willst und tiefgründige Freundschaften pflegen möchtest (was die Gefahr birgt, zu große Erwartungshaltungen zu haben). Du kannst mit dieser Einstellung menschliche „Rohdiamanten" entdecken, die andere schon beim ersten Kennenlernen als ungeschliffene Sonderlinge aussortieren.

Dabei kann es vorkommen, dass deine Freunde, zu denen du einzeln engen Kontakt pflegst, nicht recht zueinander passen und dies gerade bei Veranstaltungen wie deiner Geburtstagsfeier schnell offensichtlich wird. Oft wird das nicht offen angesprochen, aber du kannst instinktiv spüren, dass die Chemie zwischen deinen Freunden hier nicht stimmt. Wenn du jetzt schmunzelst, hast du eine derartige oder ähnliche Situation sicher schon selbst erlebt.

Dies ist überhaupt nicht dramatisch, denn du hast eigentlich schon eine weitere Stufe der „Du bist umwerfend"-Pyramide erklommen. Du umgibst dich mit guter Gesellschaft, die dir guttut, und nicht mit Menschen, die aus dem allgemeinen gesellschaftlichen Betrachtungswinkel zu dir passen würden oder mit denen du dich umgeben solltest.

Du allein bestimmst, wann du dich in guter Gesellschaft befindest!

Es spielt also überhaupt keine Rolle, wie viele Freude du hast oder wie beliebt du bist. Entscheidend ist nur, wie du dich selbst damit fühlst und wie gut die Mischung der Menschen ist, mit denen du dich umgibst. Wenn dich deine Freunde bereichern (auch ohne dir ständig nach dem Mund zu reden), dann hast du alles richtig gemacht.

Echte Freunde geben dir ein gutes Gefühl, und du kannst beständig aus dir selbst heraus deinen Selbstwert erkennen.

Mit dieser Erkenntnis leuchtest du wieder ein Stückchen mehr tief aus deinem wunderbaren Inneren heraus. Bekommst du so langsam eine Vorstellung, warum gerade du absolut umwerfend bist?

DU BIST UMWERFEND!

4.2

Widersacher – jage nichts, was du nicht töten kannst

„Es ist besser,
sich mit zuverlässigen Feinden zu umgeben,
als mit unzuverlässigen Freunden."

(John Steinbeck)

Jeder Mensch hat wohl einige Widersacher. Insbesondere dort, wo es Bewunderer gibt, existieren auch immer Gegner. Das liegt wohl in der Natur der Dinge. Widersacher – oder nennen wir sie auch Feinde unseres Wesens und Tuns – lassen uns immer wieder mit Ärger reagieren und scheinen uns ständig zu verfolgen. Ihr böser Wille kann uns sogar in Verzweiflung stürzen. Doch woher stammt der Feindbegriff überhaupt?

Im Mittelhochdeutschen war er als *vînt*, im Althochdeutsch als *fiant* („Hassender") vertreten und immer eine Bezeichnung für einen Widersacher. In älteren Textdokumenten wurde der Begriff sogar mit dem Synonym „Teufel" als allergrößter Feind verstanden. Im heutigen Sprachgebrauch gibt es diverse Abwandlungen wie der Erzfeind und der Todfeind, aber gelegentlich auch der Lieblingsfeind – ein ambivalenter Begriff, der ausdrücken soll, dass wir uns besonders auf jemanden eingeschossen haben.

Wenn du noch nach einer schönen Umschreibung suchen solltest, im Deutschen Sprichwörter-Lexikon von Karl F. Wander gibt es um die 250 Sprichwörter rund um das Thema Widersacher und Feindschaft.

Mit Sicherheit kannst du jetzt vor deinem geistigen Auge mindestens eine Person heraufbeschwören, die du als deinen Widersacher oder sogar als einen Feind betrachtest. Das kann ein langjähriger Feind sein oder aber auch, je nach Lebensumstand, ein aktueller, temporärer Widersacher.

Du hast deinen Feind oder deine Widersacher also gerade bewusst vor dir. Welche Gefühle löst das in dir aus? Unbehaglichkeit, Stress oder sogar Hass?

Dann erfährst du die Wahrheit gleich jetzt:

Widersacher stärken indirekt dein Selbstwertgefühl.

Das kannst du dir beim besten Willen nicht vorstellen?

Auch Sigmund Freud hat sich mit diesem Thema auseinandergesetzt und herausgefunden, dass eigene unerwünschte oder unangenehme Impulse gern auf andere projiziert und ihnen somit zugeschrieben werden („Projektion ist das Verfolgen eigener Wünsche in anderen" Sigmund Freud).

Eigentlich eine praktische Sache, denn so bewältigst du innere Konflikte, ohne sie wirklich selbst anzugehen. Dadurch stärken deine Widersacher indirekt dein Selbstwertgefühl.

Du fragst dich jetzt, wie das denn gehen soll?

Ganz einfach: Immer wenn du dich im extremen Kontrast zu deinem Feind siehst (hässliche Charaktereigenschaften, böswilliges Verhalten, vorsätzliche Schädigung etc.), wertest du ihn ab, und das führt automatisch zur Aufwertung deiner eigenen Person. Dabei kommt dir deine selektive Wahrnehmung zugute, die nur bestimmte Informationen über den Widersacher an dich heranlässt (nämlich die negativen). Deine eigene Bestätigungstendenz sucht genau nach diesen Infos, um das Feindbild weiter zu untermauern.

Es wird sogar noch besser: Dein Widersacher spornt dich an. Du willst ihm instinktiv immer einen Schritt voraus sein und bereits wissen, wann er erneut mit seiner scheinbar ureigenen Böswilligkeit hinter der nächsten Ecke lauert.

Gegner treiben uns zu Höchstleistungen an und lassen uns über unsere Ziele hinauswachsen.

So nervig es vielleicht manchmal zu sein scheint: Grenzen, die du dir selbst gesetzt hast, kannst du durch Widersacher überwinden.

Allerdings solltest du (insbesondere in Phasen von Erfolgserlebnissen) nie den Fehler machen und deine Gegner unterschätzen. Denn es gibt im Grunde keinen Vorsprung, der sich nicht auch einholen lässt. Wie bereits zu Urzeiten jagen wir auch noch heute. Allerdings töten wir inzwischen auf der Jagd keine wilden Tiere mehr. Aber wir jagen bestimmten Situationen, Zielen und Anerkennung hinterher. Getreu der Metapher „Jage nicht, was du nicht töten kannst" sollten wir immer prüfen, ob die Jagd sich auch lohnt (Motivationsgründe, richtige Zeit, geeignete Mittel, klare Zielsetzung) oder gerade reine Energieverschwendung ist. Manchmal wirst du die Erfahrung machen, dass du etwas nachgejagt bist, dem du am Ende doch nicht (oder erst zu einem späteren Zeitpunkt) gewachsen warst. Aber wie so oft ist auch hier der Weg das Ziel.

Bei dieser spielerischen Betrachtung verlieren Widersacher ein wenig ihren Schrecken, oder?

Zuverlässige Widersacher sind berechenbarer und beständiger, als unzuverlässige Freunde.

Das amüsante Fazit: Hasse deinen Lieblingsfeind ruhig weiter. Das lodernde Feuer ist auch ein Teil deiner Persönlichkeit, die du nach außen widerspiegelst.

Sei dir dabei aber gewiss, dass mit großer Wahrscheinlichkeit da draußen irgendwo auch dich jemand als seinen Widersacher betrachtet.

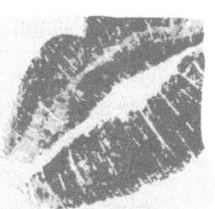

4.3

Abgrenzung – warum „Nein"
das effektivste Wort überhaupt ist

„Die Fähigkeit, das Wort Nein auszusprechen,
ist der erste Schritt zur Freiheit."

(Nicolas Chamfort)

So da wären wir also: Du schätzt deine
aufrichtigen Freunde und respektierst
deine zuverlässigen Feinde.

Es gibt da etwas, was deine Freunde und
Widersacher miteinander verbindet. Sie
ringen dir auf irgendeine Art und Weise
immer Entscheidungen ab und drängen
dich vielleicht (bewusst oder unbewusst)
sogar dazu, dass du des Öfteren Ja sagst,
aber eigentlich Nein meinst. Das kannst
du dir an ganz einfachen Beispielen verdeutlichen:

Beispiel: Ja-Sagen zu Freunden

Du hast für kommenden Samstagabend ein Rendezvous mit einer umwerfenden Frau (oder einem aufregenden Mann). Schon seit Tagen freust du dich darauf und kannst es kaum erwarten. Am Samstagnachmittag meldet sich dein bester Freund (oder deine beste Freundin) aufgelöst bei dir, weil der Partner sich gerade von ihm (oder ihr) getrennt hat, und bittet dich, heute Abend vorbeizukommen. Du bist frustriert, sagst aber Ja und verschiebst dein Date auf ein anderes Datum.

Beispiel: Ja-Sagen zu Widersachern

Du hast einen stressigen Tag im Büro, und auf deinem Schreibtisch stapelt sich die Arbeit. Für den späten Nachmittag hast du deinen Kindern einen Ausflug versprochen. Du liegst gut in der Zeit, und plötzlich kommt deine Kollegin um die Ecke (zu der du schon länger eine unausgesprochene Feindschaft pflegst) und vermittelt dir in aufgesetzt süßer Tonlage, dass eine größere Aufgabe unbedingt heute noch von dir erledigt werden muss. Die Aufgabe hat, der Aussage deiner Kollegin zufolge, für deinen Chef höchste Priorität. Deine Kollegin hat es aber ganz aus Versehen „versäumt", dir die Dringlichkeit schon zu Beginn der Woche mitzuteilen und bis zur letzten Minute damit gewartet. Zähneknirschend sagst du Ja, um nicht den Unmut deines Chefs auf dich zu ziehen, und vertröstest deine Kinder auf einen anderen Nachmittag.

> Merkst du anhand der beiden Beispiele, wie schnell du in Situationen geraten kannst, in denen du Ja sagst, aber eigentlich viel lieber ablehnen würdest?

„Nein" ist das effektivste Wort überhaupt. Verwende es häufiger!

Das heißt nicht, dass du ab sofort zu allem und jedem Nein sagen sollst, aber hier und da ein Nein wird dir deutlich mehr Freiheit und Lebensfreude verschaffen. Probiere es aus.

Übrigens lassen sich damit auch Freunde vertrösten, ohne dass du sie verletzt, oder noch besser, Widersacher in Schach halten oder (zumindest temporär) ausschalten.

Beispiel: Nein-Sagen zu Freunden

✐ Wie wäre es, wenn du deinem Freund (oder deiner Freundin) aus dem Ja-Sager-Beispiel mitteilst: „Nein, ich kann heute Abend nicht vorbeikommen, ich habe ein Date. - Du weißt schon, die Traumfrau (oder der süße Typ), von der (oder dem) ich dir erzählt habe. Was hältst du davon, wenn ich morgen bei dir vorbeikomme und wir gemeinsam in Ruhe etwas Essen gehen und uns richtig Zeit nehmen?"

Beispiel: Nein-Sagen zu Widersachern

✐ Du hast das Ja-Sager-Beispiel noch vor Augen. Wie wäre es, wenn du deine Kollegin mit folgender zuckersüßen Aussage konfrontierst: „Nein, heute kann ich nicht, da ich meine Zeit heute schon vollkommen verplant habe. Bist du dir sicher, dass du von der Dringlichkeit der Aufgabe erst seit heute weißt? Oder hat dir unser Chef das bereits eher mitgeteilt? Ich werde ihn deshalb gleich noch mal persönlich kontaktieren ..."

DU BIST UMWERFEND!

Zugegeben bleibt hier der Ausgang offen, denn es kann sich tatsächlich um eine Aufgabe handeln, die absolut keinen Aufschub gewährt (allerdings ist das seltener der Fall, als du glaubst). Aber einer Sache kannst du dir sicher sein: Deine liebe Kollegin wird sich bei nächster Gelegenheit zweimal überlegen, ob sie ihr Verhalten wiederholt, zumal euer Chef jetzt weiß (wenn sie nicht vorher schon im Gespräch einknickt, um ein Memo an den Chef zu vermeiden), an welcher Stelle das eigentliche Problem lag.

Nüchtern betrachtet wird ein Nein in der gewünschten Situation nicht immer funktionieren, aber darum geht es auch nicht. Vielmehr ist entscheidend, dass du nicht, um anderen einen Gefallen zu tun, prinzipiell mit Ja antwortest, obwohl du es selbst eigentlich nicht möchtest.

Das gilt übrigens auch für deine eigene umwerfende Persönlichkeit, denn du weißt, was du kannst, und sagst ab jetzt zu dir selbst:

Nein – ab sofort stelle ich mein Licht nicht mehr unter den Scheffel!

Mit dieser neuen Grundeinstellung wird es dir nach und nach leichter fallen, dich frei und ungezwungen in guter Gesellschaft zu bewegen, und zwar dann, wenn du das auch wirklich möchtest.

Gute Gesellschaft kann hier auch einmal bedeuten, dass du dir nur ganz allein für dich selbst Zeit nimmst, einen ausgedehnten Spaziergang machst, ein gutes Buch liest, bei einer Tasse Tee oder Kaffee deinen Blick in die Ferne schweifen lässt – oder was auch immer dich in deiner eigenen guten Gesellschaft gerade am glücklichsten macht. Entscheidend ist, dass du bewusst deine eigene Gegenwart genießen lernst, ohne dich dabei einsam zu fühlen. Was zunächst vielleicht komisch klingt, ist eine traurige Tatsache, die eine repräsentative Umfrage zutage gebracht hat. Darin gaben 12 Prozent der Teilnehmer an, sich häufig oder ständig einsam zu fühlen. Hauptursachen sahen die Befragten dabei in den aktuellen Lebensumständen wie Arbeit, Krankheit, Trennung (vgl. Splendid Research Studie: „Wie einsam fühlen sich die Deutschen?").

Während sich die Studie umfassend mit den Gründen für das Einsamkeitsgefühl auseinandersetzt, fällt ein weiterer, eher am Rande ermittelter, hoher Prozentsatz sofort ins Auge: Denn 46 Prozent der Befragten gaben an, andere Menschen zu brauchen, um sich selbst gut zu fühlen!

Bemerkst du, was diese Erkenntnis gerade mit dir macht? Einsamkeit und Alleinsein beschreiben oberflächlich die gleiche Situation. Der gravierende Unterschied liegt darin, wie du den Umstand, Zeit mit dir selbst zu verbringen, betrachtest. Mit der Einsamkeit fühlst du dich schlecht, weil niemand da ist. Beim Alleinsein fühlst du dich gut und erfüllt, einfach nur mit dir selbst. Es ist also eine Frage der Einstellung. Einsamkeit entsteht durch eine negative, Alleinsein durch eine positive Einstellung.

In Einsamkeit bist du ständig abhängig von der Gegenwart anderer. Dabei bist du nicht bei dir selbst und in Gedanken immer bei anderen. Du suchst nach deiner Erfüllung außerhalb. Andere Menschen sollen dich glücklich machen. Alleinsein beschreibt genau das Gegenteil von Einsamkeit. Es ist absolut erfüllend.

„Alleinsein ist die Freude, einfach nur du zu sein – ohne jemand anderen. Du freust dich an dir selber, du freust dich an deiner eigenen Gesellschaft." (Osho)

Spürst du den Unterschied? Dabei sorgst du weiterhin für deine umwerfende Aura, denn nichts ist umwerfender als eine Persönlichkeit, die aus ihrem tiefsten Inneren Erfüllung ziehen kann.

Wenn du anfängst, das Alleinsein genießen zu können, kannst du Glück in deinem eigenen Inneren finden.

Du hast jetzt eine Reihe von Fakten an die Hand bekommen, die dir zeigen, was gute Gesellschaft alles bedeuten kann. Entscheide selbst, wann du dich in guter Gesellschaft wähnst.

Wenn du Lust hast, kannst du jetzt gleich damit starten und dich mit der Gesellschaft, die für dich gut ist, näher auseinandersetzen. Hier findest du ein passendes Werkzeug:

Übung: In guter Gesellschaft

Setz dich einfach einmal hin und überlege dir, mit welchen Menschen du die meiste Zeit verbringst. Gern kannst du dir dazu hier auch ein paar Notizen machen.

Notizen:

....

....

Danach überlege dir bitte, ob diese Menschen dir guttun und wenn ja, auf welche Art und Weise. Hilfreich können dabei die folgenden Fragen sein:

DU BIST UMWERFEND!

◉ Kannst du in der Gegenwart dieser Menschen so sein, wie du bist?

◉ Inspirieren dich die Menschen, mit denen du dich regelmäßig umgibst?

◉ Können diese Personen Dinge, die du auch gern können möchtest?

◉ Besitzen diese Menschen Eigenschaften, die du schätzt?

◉ Sind eure Gespräche fruchtbar und sorgen für Bereicherung?

◉ Fühlst du dich grundsätzlich in deren Anwesenheit wohl?

Deine Notizen sollen dich nicht dazu auffordern, Freundschaften, die die genannten Kriterien vielleicht nicht erfüllen, über Bord zu werfen, aber dich dazu anregen zu überdenken, wer dir guttut und wer, in welcher Form auch immer, eben nicht. Hast du vielleicht sogar eine Reihe von Widersachern unter den Menschen, mit denen du dich oft umgibst?

Anschließend machst du dir bitte ein zweites Mal Notizen, und zwar dazu, über welche Themen du gern mehr lernen würdest oder welche deiner Charakterzüge du vielleicht gern vertiefen möchtest. Kurzum, notiere dir alles, wovon du gern mehr in deinem Leben hättest.

Notizen:

....

....

- Welche Menschen könnten in diesem Zusammenhang interessant für dich sein oder können dich bei Zielen unterstützen, die du noch auf deiner Liste stehen hast? Kennst du sie vielleicht schon flüchtig oder kannst du sie an bestimmten Orten gezielt kennenlernen? Die Möglichkeiten sind hier vielfältig.

- Du spielst beispielsweise schon länger mit dem Gedanken, dich selbstständig zu machen. Dann triff gezielt Leute, die das bereits getan haben und dich inspirieren können. Hier kannst du Menschen kontaktieren, die du bereits kennengelernt hast, und dich auf einen Kaffee verabreden, oder du lernst neue Menschen auf Gründertreffen etc. kennen.

Probiere es einfach einmal aus. Du wirst sehen, dass nach und nach mehr Menschen in dein Umfeld kommen, die dich beflügeln und dich in deiner Entwicklung tatsächlich unterstützen.

Du selbst hast alle Möglichkeiten, immer wieder neu zu bestimmen, wann eine Gesellschaft eine gute Gesellschaft für dich ist.

4.4

Fazit

Spannend, sich einmal intensiv mit der Gesellschaft auseinanderzusetzen, in der man sich täglich oder in regelmäßigen Abständen bewegt, oder?

Dabei hast du automatisch mehr über das Thema Freundschaften erfahren, aber auch erkannt, dass deine persönlichen Widersacher dich über deine Grenzen hinauswachsen lassen.

Vielleicht war es für dich auch spannend, über die Möglichkeiten, dich abzugrenzen, und die Erkenntnis, dass du Zeit für dich ganz allein genießen kannst, zu lesen.

Oder war dir schon vorher bewusst, dass Alleinsein dir sogar neue Kraft geben und dein Selbstbewusstsein aus deinem Inneren heraus aktivieren kann?

Du hast aber vor allem einen wichtigen Punkt erkannt: Nicht andere Menschen entscheiden darüber, wann du dich in guter Gesellschaft befindest, sondern allein du selbst.

Mit der Übung aus dem vorangegangenen Abschnitt hast du dich intensiv mit der Frage beschäftigt, mit wem du dich täglich umgibst und inwieweit dir dieser Umgang auch guttut.

Darüber hinaus hast du dir konkrete Gedanken darüber gemacht, wovon du gern mehr in deinem Leben hättest – eine wertvolle Reflexion, um in Zukunft genau die Menschen anzuziehen, die dich unterstützen und beflügeln können. Entscheidend für einen starken Selbstwert sind an dieser Stelle deine eigenen Wertvorstellungen.

Erlaube dir selbst, einen eigenen Standpunkt zu haben, und stehe in Diskussionen dazu.

Das gilt übrigens nicht nur für dein direktes persönliches Umfeld, sondern auch für Informationen, die du aus Fernsehen oder Zeitungen aufnimmst. Hinterfrage scheinbare Fakten auf ihren Wahrheitsgehalt und schärfe deinen eigenen Blick dafür. Die folgende Inspiration wird deinen Selbstwert nachhaltig und dauerhaft stärken. Es ist an der Zeit, dass du den größten Luxus in deinem Leben genießt:

Inspiration 4:

Gönne dir den Luxus

einer eigenen Meinung!

5

ECHTE
ENTSPANNUNG

Ist dir schon einmal aufgefallen, dass ständig alle von Entspannung träumen? Während die einen mit immer neuen Hobbys wie HIIT, Wearables, Personal Training, LARPs, Augmented Reality Games nach der perfekten Work-Life-Balance suchen, arbeiten die anderen mit Piloxing, Adult Colouring, Kangatraining oder dem persönlichen Lebensberater an ihrem inneren Gleichgewicht.

Größter Beliebtheit erfreut sich auch der Jahresurlaub, der bereits mindestens ein Jahr im Voraus geplant werden muss. Einschlägige Magazine geben sogar jedes Jahr aufs Neue optimierte Empfehlungen für Brückentage heraus à la: „Bis zu 70 Tage frei mit nur 30 Urlaubstagen." In diesen Tagen muss dann alles perfekt sein und möglichst die Entspannung für das komplette Jahr erfolgen.

Mal ganz ehrlich, geht dir diese qualvolle Pseudoentspannungssuche nicht gehörig auf den Wecker? Bist du das wirklich selbst? Wie sieht für dich ganz individuell Entspannung aus?

Es klingt vielleicht etwas theatralisch, aber:

Echte Entspannung berührt deine Seele.

Unglaublich, aber es soll Menschen geben, die diese echte Entspannung bereits
bei einem Spaziergang durch die Natur
oder beim Yoga erleben können.

Es kommt also überhaupt nicht darauf
an, mit Entspannungstechniken andere
zu beeindrucken, sondern dir selbst echte
Entspannung zu verschaffen. Der
schwedische Psychologe T. Hartig hat
sich im Rahmen von Experimenten mit
der tiefenentspannenden Wirkung der
Natur auseinandergesetzt. Er konnte
belegen, dass der Spaziergang im Grünen
nicht nur den Blutdruck, sondern auch
das Aggressions- und Stresslevel senkt
(vgl. Hartig: „Tracking restoration in
natural and urban field settings").

Schöpferische Pausen sind essenziell, um gesund zu bleiben und
wirklich kreativ denken zu können.

Im Grunde ist es auch ganz leicht, die
Kunst der echten Entspannung zu erler-
nen. Ganz entscheidend dafür ist das
Thema Achtsamkeit.

Bei der Achtsamkeit geht es um die bewusste Wahrnehmung des Augenblicks,
so wie er tatsächlich ist und nicht, wie du
dir ihn ausmalst (übrigens egal, ob über-
trieben positiv oder negativ). Du bist in

deinem Leben ganz oft in Muster verstrickt, die wie mit Autopilot immer wieder ablaufen und dich, lange oft unbemerkt, eingrenzen. Gerade wenn du im Alltag viel Stress hast, ist es entscheidend, dass du in der Lage bist, auch echte Entspannung zu erlangen.

Achtsamkeit ist tatsächlich erlernbar.

Erwarte keine Unterstützung von deinem Chef, deinen Arbeitskollegen, deinen Auftraggebern, deinen Freunden, deinem Lebenspartner oder deinen Kindern, die doch endlich alle einmal bemerken müssten, was du alles schon geleistet hast und wie dringend du Entspannung benötigst.

Es gibt nur einen Menschen, der dafür sorgen kann, dass du achtsamer bist – du selbst!

Du selbst bist in der Lage zu lernen, wie du mit Stresssituationen angemessener umgehen oder welche ganz eigenen Wege du für dich nutzen kannst, den Moment bewusster zu erleben. Du bist mit allem und jedem fürsorglich, aber wie sieht es eigentlich mit deiner Selbstfürsorge aus?

Nur wenn du dich auch um dich selbst sorgst, tankst du wieder neue Energie, um auch für andere Menschen fürsorglich sein zu können. Gerade wenn du eine Mutter oder ein Vater bist, hat Selbstfürsorge eine hohe Priorität! Und nein, das hat nichts mit Egoismus zu tun, sondern mit Achtsamkeit für deine langfristige Gesundheit. Diese umfasst übrigens auch eine gesunde Psyche.

Wie du sicher schon gehört hast, ist eine der wirksamsten Entspannungsmethoden ein erholsamer Schlaf.

Na dann ist ja alles ganz einfach, oder? Du schläfst einmal wieder richtig durch, und die Entspannung stellt sich von selbst ein. Dumm nur, wenn du vielleicht schon so chronisch gestresst bist, dass du unter Schlafproblemen leidest. Die ruinieren übrigens ganz nebenbei nicht nur dein äußeres Erscheinungsbild, sondern auch deine umwerfende Strahlkraft. Dann ist es höchste Zeit, die folgenden Punkte zu überdenken:

- Bist du vielleicht ein Perfektionist?

- Ist dein Tagesablauf so getaktet, dass du eigentlich ständig unter Stress stehst?

- Hast du dir schon lange vorgenommen, einmal zu entspannen, findest aber einfach keine Zeit dafür?

5.1

Perfektion – warum sie absoluter Irrsinn ist

> „Hab keine Angst vor der Perfektion,
> du wirst sie nie erreichen."
>
> (Salvador Dali)

Würdest du dich selbst als einen absoluten Perfektionisten bezeichnen? Oder nimmst du immer einmal wieder perfektionistische Züge in deinem Handeln wahr? Woran erkennst du überhaupt einen übertriebenen Hang zum Perfektionismus?

Allgemein wird unter Perfektionismus ein Persönlichkeitsmerkmal verstanden, das sich durch Streben nach Fehlerlosigkeit und Setzen von extrem hohen Leistungsstandards auszeichnet. Es gibt aus psychologischer Sicht jedoch zwei sehr unterschiedliche Formen. Psychologen wie Raphael M. Bonelli wissen (vgl. Bonelli: „Perfektionismus"):

Ein gewisses Perfektionsstreben steckt in den meisten Menschen.

Dies ist in der Evolution begründet und verbunden mit dem natürlichen Drang, immer besser werden zu wollen – eine gesunde Art der Weiterentwicklung also.

Aber es gibt auch eine andere Form: den neurotischen Perfektionismus. Hier wird die Perfektion im Grunde nur als Vorwand vorgeschoben.

Beim neurotischen Perfektionismus steht die Angst vor dem Versagen im Vordergrund.

Der Perfektionist definiert sich zu sehr über seine eigene Leistung und setzt sich selbst ständig unter Druck, etwas Tadelloses abliefern zu müssen. Dies kann ihn schließlich psychisch krank machen. Hier führt die Perfektion salopp ausgedrückt in den Irrsinn – zu einem verwirrten Denken und Handeln (vgl. Duden Definition Irrsinn: „Unvernunft, die sich im Handeln oder Verhalten darstellt"). Was an dieser Stelle vielleicht zunächst amüsant klingen mag, hat einen ernsten Hintergrund.

Studien wie die von Bonelli (vgl. Bonelli: „Perfektionismus") zeigen, dass Perfektionismus viel mit Burnout, Ess- und Zwangsstörungen, Depressionen und Suizid zu tun hat.

Wenn du das so liest, stellst du dir wahrscheinlich automatisch die Frage, wie erstrebenswert es ist, als Perfektionist durchs Leben zu gehen, oder?

Sarkastisch gefragt: Was soll auf deinem Grabstein stehen: „Er (oder sie) hat nie einen Fehler gemacht und immer alles akkurat und tadellos abgeliefert"? Fakt ist:

Perfektionismus bremst aus und reduziert den Handlungsspielraum.

Durch übertriebenen Perfektionismus wirst du bei der enormen Veränderungsgeschwindigkeit unserer Zeit irgendwann genau das bewirken, was du immer zu vermeiden suchst. Du hinkst der Entwicklung hinterher und bist schließlich durch irgendeine physische oder psychische Erkrankung komplett arbeitsunfähig.

Es ist wichtig für dich zu erkennen, dass alles einem anhaltenden Veränderungsprozess unterliegt.

Viele gefeierte Erkenntnisse von heute sind die Irrtümer von morgen.

Alles ist ständig im Fluss. Ein übertriebener Perfektionismus ist also unangemessen. Soll man deshalb aber ab sofort besonders nachlässig durchs Leben gehen?

Auch hier ist der goldene Mittelweg sinnvoll:

Für deine umwerfende Persönlichkeit ist es entscheidend, dass du zwar gewissenhaft, aber nicht pedantisch handelst, so dass du deinen Alltag effektiv, verantwortungsbewusst und zielstrebig gestaltest.

Gewissenhaftigkeit ohne übertriebenen Perfektionismus erweitert den persönlichen Handlungsspielraum.

Du kannst also durchaus weiter gewissenhaft an Aufgaben herangehen, solltest dich aber vor übertriebenem oder gar krankhaftem Perfektionismus hüten.

Überwinde die Perfektion und gönne dir regelmäßig Entspannung. Stehe zu deinen natürlichen Bedürfnissen. Es ist das alte Spiel zwischen Yin und Yang, zwei einander entgegengesetzten und dennoch voneinander abhängigen Kräften. Phasen von konzentriertem Arbeiten müssen immer Zeiten des Abschaltens oder des Nichtstuns gegenüberstehen. Wirf dein aufkommendes schlechtes Gewissen und dein Streben nach Perfektion hier ein für alle Mal über Bord. Denn erst nach einer Phase von echter Entspannung bist du wieder leistungsfähig und kannst gewissenhaft an deinen Aufgaben arbeiten. Du wirst die Veränderung schnell bemerken. Der Erfolg, den du damit erzielen wirst, wird der echten Entspannung recht geben.

5.2

Innehalten – warum Stress die Synapsen lahmlegt

„Nur in einem ruhigen Teich spiegelt sich das Licht der Sterne."

(Chinesische Weisheit)

Bei Stress werden Signale die Hypothalamus-Hypophysen-Nebennierenrinden-Achse (HPA-Achse) entlang gesendet: Der Blutdruck steigt, der Puls wird beschleunigt – unsere Sinne sind geschärft. Was sich in der Evolution durchaus als sinnvolle Schutzmaßnahme erwiesen hat, kann heute ernstzunehmende Probleme mit sich bringen.

Untersuchungen der Ruhr-Universität Bochum verdeutlichen, dass eine spezielle Art von Fresszellen (Mikroglia), die normalerweise im Gehirn Verbindungen zwischen Nervenzellen reparieren, unter

Dauerstress Entzündungsprozesse fördern und unseren Nervenzellen schaden (vgl. Juckel: „Wie sich Dauerstress auf das Immunsystem auswirkt"). Kurzum:

Stress hinterlässt langfristige Spuren in Psyche und Gehirn.

Dauerbelastung kann Depression, aber auch Demenz fördern. Eine weitere Ursache dafür haben US-Forscher, u. a. Sundari Chetty von der University of California, herausgefunden. Wenn unser Gehirn mit Stresshormonen überflutet wird, entstehen im Hippocampus weniger neue Zellen. Dafür werden dauerhaft mehr Hüllzellen gebildet. Die Hüllzellen stören das Wachstum neuer Verknüpfungen zwischen den Nervenzellen (vgl. Chetty: „Stress and glucocorticoids promote oligodendrogenesis").

Dauerstress legt wertvolle Synapsen lahm, vermindert Gedächtnis- sowie Lernleistung und macht anfälliger für psychische Erkrankungen.

Du solltest also ab und an über dein eigenes Stresslevel nachdenken, weil Langzeitstress in deinem Körper zu irreparablen Schäden führt.

Dabei ist Dauerstress völlig unnötig. Denn mal ganz ehrlich, welcher Mensch ist schon ständig im Ausnahmezustand? Wir arbeiten heute deutlich kürzer als die Generationen vor uns. Der technische Wandel hat uns auch in der Freizeit viel Arbeit abgenommen. Dennoch scheint es irgendwie „hip", gestresst zu sein. Gestresste Menschen werden mit Erfolg in Verbindung gebracht. Wer gestresst ist, arbeitet viel und hat nebenbei auch noch ein prall gefülltes Privatleben. Das ist wohl auch der Grund dafür, dass es Menschen gibt, die unbedingt gestresst erscheinen wollen.

Ein Großteil unseres Stresses ist „hausgemacht".

Wenn du dich tatsächlich ständig gestresst fühlst, hast du also de facto mehr Freizeit als deine Großeltern und Urgroßeltern, verbringst diese aber vielleicht mit Smartphone-Gedaddel, Shoppen oder Besuchen im Nagelstudio – kurzum mit Tätigkeiten, die oft gar nicht so wichtig sind, wie sie dir erscheinen.

Wie wäre es mit einer radikalen Entscheidung: einfach einmal innehalten. Denn:

Pausen sind eine wichtige Voraussetzung für Produktivität und Kreativität.

DU BIST UMWERFEND!

Wenn du einfach einmal kurz innehältst, wirst du dein tolles Leben in jeder einzelnen Facette, bis in jede Faser deines Körpers spüren. Du kannst dann die vielen kleinen Momente genießen:

 ... einmal kurz innehalten, wenn du gerade ein Meeting erfolgreich durchgeführt hast, indem du bewusst aus dem Fenster schaust, und das tiefe Zufriedenheitsgefühl auskostest.

 ... einmal kurz innehalten, bevor du ein Date hast, und diesen Moment des aufgeregten Kribbelns ganz bewusst wahrnehmen.

 ... einmal kurz innehalten, nachdem du dich sportlich betätigt hast, und spüren, wie sich dein Körper jetzt anfühlt.

Es gibt so viele Möglichkeiten.

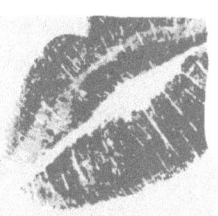

5.3

Relaxen – es gibt nichts Gutes,
außer man tut es

„Wenn der Mensch zur Ruhe gekommen ist,
dann wirkt er."

(Francesco Petrarca)

Wann hast du das letzte Mal richtig „relaxt"? Wenn dir in den nächsten 3 Sekunden spontan eine Situation einfällt – Gratulation! Du gehörst zu den Menschen, die tatsächlich noch regelmäßig entspannen. Wenn nicht, dann fang am besten gleich damit an:

Such dir einen Platz aus, an dem du die nächsten Zeilen so richtig entspannt lesen kannst – auf einer kuscheligen Decke in der Wiese, in einer bequemen Hängematte, auf einer gemütlichen Couch, in der wohlig warmen Badewanne. Vielleicht trinkst du dabei eine gute

DU BIST UMWERFEND!

Tasse Kaffee oder Tee oder ein vortreff-liches Glas Rotwein?

Bereit?

Sitzt oder liegst du bequem?

Hervorragend.

Dann kann es jetzt losgehen: Du erfährst nun, wie du bewusst entspannen kannst und welche Vorzüge dies hat.

Relaxen heißt, das wohlige Entspannungsgefühl bewusst wahrzunehmen und zu speichern.

Wie Menschen am besten entspannen können, ist unterschiedlich. Manche ge-nießen ihre Lieblingsmusik und lehnen sich dabei einfach zurück. Andere setzen auf Yoga, autogenes Training, progressi-ve Muskelentspannung, Atemtechniken oder gezielte Achtsamkeitsübungen. Und viele nehmen sich immer wieder vor, zumindest eine dieser Techniken zu er-lernen, um sie dann irgendwann einmal nutzen zu können. Doch:

„Es gibt nichts Gutes, außer man tut es." (Erich Kästner)

Das heißt für dich: Nimmt dir nicht für eine unbestimmte Zeit vor, auch mal zu relaxen, sondern integriere Entspannung bewusst in deinen Tagesablauf. Ähnlich wie du dir Geschäftstermine einträgst, plane ab sofort auch „Relaxzeit" ein. Das muss gar nicht lange sein, und du selbst bestimmst, wann es am besten in deinem Tagesablauf passt. Dazu kann auch gehören, dass du dir bereits in den nächsten Tagen und nächsten Wochen konkret Relaxtermine setzt, zu denen du beispielsweise einen Yoga-Einsteiger-Kurs oder Ähnliches besuchst, wo du das bewusste Entspannen tatsächlich Stück für Stück erlernst.

Falls du zu den Menschen gehörst, die sich regelmäßig darüber beschweren, nicht genügend relaxen zu können ... Break!

Stoppe dieses Gejammer, dass du zu wenig Freizeit hast, und das Gerede darüber, was du dir alles für das kommende Jahr vornimmst.

Der Zeitpunkt ist nie perfekt, es gibt immer etwas zu tun – starte jetzt mit deinem Relaxprogramm!

Wenn du ab sofort regelmäßig entspannst, wird dies deine umwerfende Persönlichkeit zum Strahlen bringen. Du wirst nicht nur erholter sein, sondern in stressigen Situationen auch weniger gereizt reagieren. Und es gibt noch einen weiteren positiven Effekt: Wenn du dir regelmäßige Auszeiten nimmst, sprühst du auf einmal wieder vor Kreativität.

Durch regelmäßiges Relaxen lösen sich Denkblockaden auf. Es entsteht Raum für Neues.

Suchst du für dein Relaxprogramm auch einmal etwas Außergewöhnliches? Dann kannst du zum Beispiel, wenn du zurzeit zur klassischen, typisch europäischen Rücken- oder Teilkörpermassage gehst, stattdessen eine Massage ausprobieren, die nicht nur deine Muskulatur, sondern auch all deine Sinne berührt.

Das geht? Ja, tatsächlich – mit einer echten ayurvedischen Ganzkörpermassage. Gleich vorweg: Sie muss natürlich von einem Profi durchgeführt werden. Doch wer sich hier sexuellen Übergriffen ausgeliefert sieht, der ist entweder ziemlich verklemmt oder hat anderweitig schlechte Erfahrungen gemacht. Fakt ist, hier wird nach uralter indischer Tradition noch am nackten Körper gearbeitet. Dabei wird mit duftendem Sesamöl so ziemlich jedes Körperareal ordentlich durchgewurschtelt (ja auch Brust, Bauch, Po).

Darüber hinaus wird der natürliche Lymphfluss angeregt und nicht zuletzt, dank indischer Musik und dem einzigartigen Geruch des Sesamöls, auch kräftig auf deine Sinne eingewirkt. Nach so einer Massage wirst du erstaunt feststellen, zu welchen Empfindungen dein Körper in der Lage ist und wie unglaublich erholt du dich nun fühlst.

Ebenso kann eine hawaiianische Lomi-Lomi-Ganzkörpermassage (Behandlungszeitraum rund 2 Stunden) vollkommen tiefenentspannend auf deinen Körper und deine Psyche wirken. Hier sorgen eingeölte Hände und Unterarme, die sich ganz langsam schlangenförmig von den Füßen bis zum Nacken bewegen (die „aufsteigende Lomi-Lomi-Schlange"), für wohlige Verwöhnmomente. Aber genug der blumigen Worte – einfach einmal ausprobieren.

Dein Umfeld wird schon bald fragen, ob du im Urlaub warst oder ob du vielleicht ein neues Beautyprodukt verwendest. Dein Geheimnis, warum du so von innen heraus strahlst, ist aber ein ganz anderes. Echte Entspannung verleiht dir eine umwerfende Aura, da sie sich tief auf dein Inneres auswirkt.

Damit das auch im Alltag besser gelingt, folgende Tipps:

DU BIST UMWERFEND!

Tipps für echte Entspannung

- Plane Faulenzzeiten fest ein und schicke das schlechte Gewissen in die Pause.

- Erledige Aufgaben, die delegierbar sind, nicht brav selbst, sondern gib sie ab.

- Halte kleine „digitalen Auszeiten" ein, in denen Smartphone und Co. Sendepause haben.

- Erkenne in Rückschlägen auch Chancen: Wie bist du mit dem letzten Rückschlag umgegangen, was kannst du jetzt besser machen?

- Genieße die Stille, egal wo – im Wald, am Meer, im Garten.

- Gestalte einen ganz persönlichen Rückzugsplatz so, dass du dort echte Entspannung genießen kannst.

- Gewinne hin und wieder Abstand vom Alltagstrott durch Kurzreisen, Veranstaltungen etc.

- Stoppe Vergleiche mit anderen - sei du selbst, alle anderen gibt es schon.

- Geh spazieren, schon 15 Minuten an der frischen Luft machen den Kopf frei.

- Erlerne eine Entspannungstechnik, dabei muss es nicht gleich Yoga oder autogenes Training sein, auch einfache Achtsamkeitsübungen können bereits einen großen Effekt haben.

- Verabrede dich mit dir selbst: Gönne dir ein ganz persönliches Verwöhnprogramm, z. B. in der Sauna, im Massagestudio oder in der Badewanne.

5.4

Fazit

Okay, vermutlich wirst du dich jetzt selbst nicht mehr als Perfektionisten bezeichnen, weil du in diesem Kapitel gelesen hast, dass Perfektionismus Menschen so stark unter Druck setzt, dass sie davon psychisch krank werden können.

Dir ist darüber hinaus klar geworden, dass Dauerstress nicht nur krank macht, sondern auch völlig unnötig ist. Denn häufig betonen Menschen nur, wie viel Stress sie haben, um ihren Erfolg und ihre Bedeutung in der Gesellschaft zu demonstrieren. Du hast erkannt, dass Innehalten wichtig ist, um zu neuer Kraft zu gelangen und wieder kreativ zu werden.

Und ab sofort kannst du selbst entscheiden, wann und vor allem wie du relaxen willst.

Denn: Du bist verantwortlich für dein Leben und entscheidest, was passiert – nicht die Gesellschaft, nicht deine Eltern, nicht dein Partner, nicht dein Chef ...

Du schreibst täglich am Drehbuch deines Lebens und hast dabei immer die Möglichkeit, dich zu verändern.

Du bist auch verantwortlich für deinen Selbstwert und somit für deine umwerfende Aura.

Befreie dich von dem Glauben, andere trügen die Schuld, anderen ginge es deutlich besser oder du hättest selbst keinen Einfluss auf dein Leben ... Das ist ganz leicht, wenn du die folgende Inspiration dauerhaft verinnerlichst:

Übernimm die volle Eigenverantwortung!

MAGISCHE
STRAHLKRAFT

DU BIST UMWERFEND!

Es gibt Menschen, die bereits beim Be-
treten eines Raumes etwas Außergewöhnliches ausstrahlen. Kaum sind sie
eingetreten, drehen sich die anderen nach
ihnen um, manche verrenken sich die
Köpfe und andere wollen den Blick von
ihnen nicht abwenden. In der Regel sind
das auch die Menschen, die sofort in
Gespräche verwickelt werden und sich
dort auch sehr eloquent geben können.

Diese Personen besitzen magische
Strahlkraft. Natürlich sind darunter auch
ausgesprochen attraktive Menschen, aber
oft sind sie, wir nennen sie der Einfach-
heit halber einmal „Magics", bei genauer
Betrachtung nach gängigem Schönheits-
ideal keine Models. Sie bestechen viel
eher durch einen aufrechten, würdevollen
oder eleganten Gang. Ihr Gesicht strahlt
Offenheit und Selbstüberzeugung aus.
Sie besitzen ein gepflegtes Äußeres, das
ihre Persönlichkeit unterstreicht, ohne
modisch überzogen, in irgendeine Richtung lächerlich zu wirken. Ihre magische

Strahlkraft beziehen die „Magics" aus einer unversiegbaren Quelle:

Die magische Strahlkraft liegt in der Erkenntnis des eigenen Selbstwerts.

Die „Magics" haben Schritt für Schritt, oft erst ab der Mitte ihres Lebens, aufgrund ihrer eigenen Lebenserfahrung erkannt, wie wertvoll sie sind. Sie sind sich ihrer selbst bewusst.

Sie nehmen beim Blick in den Spiegel durchaus ihre kleinen Schönheitsmakel wahr (haben sich manchmal sogar mit ihnen angefreundet), wissen aber ihre Vorzüge optimal in Szene zu setzen. Ihnen ist klar, dass der erste Eindruck wichtig ist, sie können aber auch beim genaueren Hinsehen mit Lebens-, Berufserfahrung, Wissen etc. punkten und schauen selbst gern mit einer sympathischen Neugierde hinter die Fassade des Gegenübers.

Sie besitzen die Fähigkeit, anderen vollkommen neidlos und aufrichtig bei den passenden Gelegenheiten Komplimente zu machen. „Magics" sind authentisch, was sie mit Sicherheit nicht immer in die Wiege gelegt bekommen, aber im Laufe der Jahre erlernt haben.

Ihre magische Strahlkraft zeugt von einer vielschichtigen Innenwelt, die sie gekonnt nach außen vermitteln können. Natürlich verfügen die „Magics" auch über flexible Schutzmauern, die sie vor allzu großen Verletzungen bewahren. Es ist ihnen bewusst, dass andere sich mit ihnen in guter Gesellschaft wähnen, und sie sind in der Lage, Freunde und Widersacher gleichermaßen zu schätzen. Sie haben aber auch die Gabe, das Alleinsein zu genießen, ohne sich einsam zu fühlen oder externe Selbstbestätigung zu vermissen.

Darüber hinaus besitzen sie die Fähigkeit, in den entscheidenden Situationen Nein zu sagen, und wissen um die Wirkung echter Entspannung. Sie haben für sich selbst auch erkannt, was es mit der Frage nach dem Sinn des Lebens auf sich hat und wie sie die Bühne des Lebens jeden Tag aufs Neue rocken können.

Magische Strahlkraft erwächst aus echter Lebensfreude.

Ab sofort wirst du diesen Menschen keine neidvollen Blicke mehr nachwerfen und dich fragen „Wie macht er oder sie das bloß?", denn dir ist jetzt bewusst, dass die magische Strahlkraft durch einen positiven Selbstwert entsteht. Anhand der kleinen Inspirationen in diesem Buch weißt du inzwischen, wie du deinen eigenen Selbstwert stärken kannst.

Klar, höchstwahrscheinlich stolperst du ab und an noch über die Frage nach dem Sinn deines Lebens. Aber auch hier kommt es auf den Blickwinkel an. Lass dir also die Sinnfrage in den nächsten Minuten ruhig noch einmal bewusst durch den Kopf gehen. Im Weiteren findest du einen Ansatz, den du vielleicht so noch nicht wahrgenommen hast und der eine Reihe von quälenden weiteren Fragen im Keim ersticken wird.

6.1

Sinnfrage – warum die Frage nach dem Sinn des Lebens sinnlos ist

„Wir verlangen, das Leben müsse einen Sinn haben - aber es hat nur ganz genau so viel Sinn, als wir selber ihm zu geben imstande sind."

(Hermann Hesse)

Die Frage nach dem Sinn des Lebens ist wohl so alt wie die Menschheit selbst. Auch du wirst hin und wieder an den Punkt kommen, an dem du dich fragst, welchen Sinn dein Leben eigentlich hat. Eventuell gehörst du sogar zu den Menschen, die sich regelmäßig mit der Sinnfrage quälen und die an schlechten Tagen deswegen manchmal die Lebensfreude verlässt.

Sogar deine magische Strahlkraft wird vielleicht hin und wieder durch quälende Sinnfragen gemindert. Aber du kannst dir sicher sein: Das geht jedem Menschen einmal so.

In der Literatur haben über viele Epochen hinweg Autoren den Sinn des Lebens aus wissenschaftlichen, religiösen und spirituellen Betrachtungswinkeln erforscht. Erfrischend anders behandelt Dan Brown in seinem Roman „Origin" das Thema (vgl. Brown: „Origin"). Hier geht es um die Frage „Woher kommen wir und wohin gehen wir?". Ohne den Inhalt des Buches zu verraten, kann ich doch so viel sagen, dass am Ende die nüchterne Erkenntnis steht: Der menschliche Organismus dient objektiv und biologisch betrachtet im Grunde lediglich zur Aufnahme und Verteilung von Energie.

Diesen Ansatz findest du jetzt nicht gerade erbaulich? Das freut mich!

Wie wäre es, wenn du die Sinnfrage zunächst nicht nach außen, ins Universum, an höhere Mächte gerichtet, stellst, sondern eher – sagen wir einmal – „bodenständig" an die Sache herangehst?

Wo fängst du da an? Mhmm …

Bei dir selbst, oder? Ganz genau:

DU BIST UMWERFEND!

Den Sinn deines Lebens findest du in dir selbst.

Dein Leben hat genauso viel Sinn, wie du ihm selbst gibst, und das jeden Tag aufs Neue. Dabei brauchst du nicht darauf zu warten, dass irgendjemand auf dich zukommt und in dir den wichtigsten Menschen für das überlebensnotwendige Projekt X oder Y erkennt (denn tragisch, aber wahr – in den meisten Fällen tritt dieser Umstand nicht ein).

Es ist also nutzlos, den Sinn deines Lebens in der Anerkennung durch andere zu finden oder ihn daran zu messen, von wie vielen Menschen du geliebt wirst. Es geht vielmehr darum, dass du selbst aus dir heraus tiefe und bedingungslose Liebe empfinden kannst. (Achtung: Damit ist keine aufopfernde Abhängigkeit gemeint!)

Wenn dir das gelingt, empfängst du nicht nur automatisch echte Lebensfreude, sondern es geschieht noch etwas ganz Erstaunliches: Du wirst aus tiefstem Herzen aufrichtig geliebt, und das ganz ohne Gegenleistung. Das kannst du dir nicht vorstellen?

Dann befindest du dich vielleicht gerade in einer schlechten Beziehung, in der es weniger um selbstlose Liebe als um Macht, Anerkennung oder Besitzdenken geht. Ein gutes Beispiel, das dir verdeutlicht, wie du aufrichtige Liebe lebst, ist die Verbundenheit mit deinen Kindern. Wenn du selbst ein oder mehrere Kinder hast, weißt du, worum es dabei geht. Du liebst dein Kind aus tiefstem Herzen, bedingungslos und würdest im Ernstfall ohne mit der Wimper zu zucken, dein Leben für dein Kind geben. Gut, das war jetzt sicherlich sehr theatralisch, verdeutlicht aber den Kern der Sache. Dabei spielt es keine Rolle, ob dein Kind heute gerade besonders anstrengend ist oder gar wegen einer größeren Sache nicht mit dir spricht. Du verspürst eine tiefe, ursprüngliche Verbundenheit und Liebe – ganz gleich, was gerade ist.

Prinzip verstanden, oder?

Wenn du diese aufrichtige Liebe aus deinem tiefsten Inneren heraus nicht nur für deine Kinder, sondern auch für andere Menschen und für deine Umgebung, die Natur, deine berufliche Tätigkeit etc. aufbringen kannst, weißt du genau, wie sich echte Lebensfreude anfühlt.

Einen wichtigen Aspekt hast du dann aber vielleicht dennoch übersehen …

DU BIST UMWERFEND!

Kommst du darauf?

Richtig – dich selbst!

Dies ist im Übrigen der wichtigste Aspekt überhaupt, denn:

Nur wenn du tiefe Selbstliebe verspürst, bist du in der Lage, andere Menschen aufrichtig zu lieben.

Die Liebe selbst ist die größte Kraft überhaupt. Sie überstrahlt alles und lässt Menschen aus ihrem tiefsten Inneren heraus, aus dem Zentrum ihres Körpers, dem Herzen, erstrahlen. Womit wir wieder bei der magischen Strahlkraft wären.

Der Sinn deines Lebens besteht also zunächst darin, dir deiner selbst bewusst zu werden. Dann wirst du den Sinn deines Lebens wahrscheinlich in zahlreichen Facetten schildern können. Eine wichtige Rolle dabei spielt deine Passion. Wenn du mit echtem Herzblut dabei bist, öffnen sich plötzlich vollkommen neue Horizonte.

Du gehst deinen Weg und genießt täglich dein Leben in vollen Zügen, und die Frage nach dem Sinn deines Lebens erscheint dir plötzlich sinnlos.

6.2

Passion – warum mit
echtem Herzblut alles gelingt

„Was du in anderen Menschen entzünden willst,
muss erst in dir selbst brennen."

(Dale Carnegie)

Du hast es sicher schon des Öfteren beobachtet: Menschen mit einer umwerfenden Aura, also unsere „Magics", brennen für etwas – sei es beispielsweise für ein Hobby, für ein Ehrenamt oder für ihren Job. Sie sind mit Herzblut dabei und sprühen vor Energie. Dabei werden sie nicht müde, das Feuer, was in ihnen lodert, auch nach außen zu tragen. Das scheinbar Verrückte dabei: Sie schaffen es regelmäßig, andere Menschen für ihre Sache zu begeistern.

Unglaublich, dass diesen Persönlichkeiten scheinbar alles gelingt und ihnen keine Hürden im Weg stehen. Doch ist dem wirklich so?

Was dir natürlich klar ist, auch unsere „Magics" müssen mit Rückschlägen leben und die Stolpersteine aus dem Weg räumen. Aber sie sind – frei nach Goethe – in der Lage, auch aus den Steinen, die ihnen in den Weg gelegt werden, etwas Schönes zu bauen.

Herzblut macht nicht unverwundbar. Aber Menschen mit Herzblut finden immer wieder geeignete Wege, um etwas Großartiges zu schaffen.

Die „Magics" sind nicht vom Schicksal begünstigt. Sie arbeiten meist deutlich härter als alle anderen an ihren Erfolgen und sind dabei unermüdlich. Auch sie erleben herbe Rückschläge und machen die Erfahrung, dass sie an manchen Dingen sogar scheitern.

Auch bei Projekten, die mit Herzblut verfolgt werden, sind Fehlversuche und Scheitern erlaubt.

Dafür gibt es in der Historie unzählige Beispiele. Eine besonders schöne Episode ist wohl die Unterhaltung, bei der ein Mitarbeiter nach zahlreichen erfolglosen Versuchen, eine marktreife Glühbirne zu entwickeln, zu Thomas Alva Edison sagte: „Wir sind gescheitert" und dieser erwidert haben soll: „Ich bin nicht gescheitert. Ich kenne jetzt 1000 Wege, wie man keine Glühbirne baut." Rückblickend gilt Edison heute übrigens als Erfinder epochaler Techniken in den Bereichen Licht, Telekommunikation, Medien für Ton und Bild mit über tausend Patenten.

Absolut motivierend, oder? Allerdings:

Viele Menschen tun die meisten Dinge nur, weil sie glauben, dass sie sie tun müssten oder dass irgendjemand das von ihnen erwartet.

Herzblut – Fehlanzeige.

Besonders gravierend scheint diese Entwicklung in der Berufswelt zu sein. Seit Jahren schon erfasst der Gallup Engagement Index in Deutschland das Engagement und die Motivation bei der Arbeit. Die Ergebnisse bei den klassischen Angestellten sind niederschmetternd. Demnach haben bis zu 70 Prozent eine geringe und um die 15 Prozent gar keine Bindung zum Unternehmen und somit wohl kaum einen Funken Herzblut für ihre tägliche Tätigkeit übrig – bei einer regulären Arbeitszeit von ca. 8 Stunden werktags absolut erschütternd. Die Fehler im System sind dann auch schnell ausgemacht: Häufig sehen die Angestellten das Problem in der Führungsqualität der Vorgesetzten, bei den Kollegen oder der Tätigkeit an sich ... (vgl. Gallup Engagement Index Deutschland, Studie zur Arbeitsplatzqualität).

Doch die meisten unzufriedenen Arbeitnehmer arbeiten Tag für Tag weiter und machen Dienst nach Vorschrift, die allerwenigsten bemühen sich tatsächlich um Lösungen im Unternehmen oder gar um einen neuen Job. Die tragische Erkenntnis: Eine umwerfende Aura besitzt keiner von ihnen.

Dienst nach Vorschrift führt über kurz oder lang zur Abstumpfung und zum Verlust der umwerfenden Ausstrahlung.

Salopp formuliert: Hier brennt nichts, hier glimmt nichts – der Ofen ist aus.

Was dich betrifft, du hast die Wahl, es diesen Menschen gleichzutun oder aber herauszufinden, wofür dein Herz wirklich schlägt. Das heißt nicht, dass du sofort alles hinwerfen musst, um endlich an mehr umwerfender Strahlkraft zu gewinnen.

Schließlich spricht nichts dagegen, dass du deine täglichen Aufgaben als interessant und kreativ empfindest und du stolz auf deine Fähigkeiten bist. Aber die folgende Frage darf für dich durchaus erlaubt sein:

Warum mache ich das eigentlich?

Genau hier bist du an einem wichtigen Punkt, denn selbst wenn du gerade für dich erkennst, dass du für deine momentane Tätigkeit gar nichts so richtig brennst, kann jeder neue Morgen der Ausgangspunkt für mehr Passion und Herzblut sein. Geniale Aussichten, oder?

Tipps für pulsierendes Herzblut

- Lass dich nicht von anderen, vermeintlich leichter zu erreichenden Zielen ablenken.
- Zweifel, Widerstand und Rückschläge gehören dazu.
- Probiere neue Wege aus und halte es wie Edison.
- Fokussiere dich auf Themen, die dich faszinieren.
- Erledige Aufgaben, die dir das Gefühl vermitteln, etwas Wertvolles zu tun.
- Konzentriere dich auf Projekte, für die du freiwillig gern Überstunden und Mehrarbeit investieren würdest.
- Hör auf damit, Dienst nach Vorschrift zu machen!

Ganz entscheidend dabei ist:

Gib nicht auf halber Strecke auf, weil es zu lange dauert oder dir zu anstrengend wird!

DU BIST UMWERFEND!

Nach dem Lesen dieser Zeilen kannst du es jetzt spüren, oder?

Diesen tiefen natürlichen Drang danach, das, was dich mit Herzblut erfüllt, zum Inhalt deines Lebens zu machen (wenn du das nicht schon längst getan hast).

Allein bei dem Gedanken daran beschleunigt sich dein Herzschlag, und es entzündet sich dabei die Flamme, die du in Zukunft an andere weitergeben wirst.

6.3

Bühne frei – du bist umwerfend und du weißt, warum

> „Wege entstehen dadurch,
> dass man sie geht."
>
> (Franz Kafka)

So, weißt du, was das Beste ist?

Jetzt, wo sich die Lektüre so langsam dem Ende entgegen neigt, wird dir bewusst (wenn dir das nicht schon längst klar war),

dass du …

spätestens ab diesem Moment hier …

ein „Magic" bist!

Ja, du hast richtig gelesen!

DU BIST UMWERFEND!

Du bist umwerfend, und du weißt jetzt ganz genau warum!

Du bist umwerfend, weil du dir deiner selbst bewusst geworden bist und diesen Schatz jeden Tag in deiner umwerfenden Aura zum Strahlen bringst. Du weißt jetzt um die befreiende Wirkung von persönlicher Integrität, durch die du deinem Leben deine eigene Handschrift gibst und damit einen unverwechselbaren Wiedererkennungswert schaffst. Du bist dir selbst treu!

Rufe dir dazu immer einmal die dir bereits bekannten Inspirationen für einen starken Selbstwert in Erinnerung (siehe Kapitel 1).

Du hast alle Werkzeuge für die magische Strahlkraft in dir und kannst sie ab sofort jederzeit einsetzen. Damit schließt sich der Kreis, und du kannst instinktiv auch den letzten Satz verinnerlichen:

Inspiration 6:

Lebe deine umwerfende Persönlichkeit!

Deine umwerfende Persönlichkeit beglei-
tet dich – egal wohin du gehst und egal
was du tust. Du kannst sie jeden Tag aufs
Neue leben.

Sei dir deiner selbst bewusst, wenn du
dein nächstes:

- Meeting
- Vorstellungsgespräch
- Date
- Projekt
- Familientreffen

startest.

Einfach jeden Tag, wenn du die Bühne
deines Lebens betrittst, wird dich deine
umwerfende Aura begleiten.

Dein Leben wird von einer starken, positiven Grundstimmung getragen, denn du:

- nimmst das Leben bewusst wahr,
- nimmst dich selbst an,
- achtest auf deine Gedanken,
- gönnst dir den Luxus deiner eigenen Meinung,
- übernimmst die volle Eigenverantwortung und
- lebst somit deine umwerfende Persönlichkeit!

Du nimmst dich nicht zu ernst und begegnest dir selbst mit einem Lächeln.

DU BIST UMWERFEND!

Auch bei der nächsten Panne, einem Zweifel, nach einer Niederlage sowie beim Blick auf dein lädiertes Spiegelbild – du bist und bleibst umwerfend!

Du machst deinen Weg und entdeckst beim Gehen neue Weggabelungen.

Mit dem Erkennen deiner umwerfenden Aura wirst du bemerken, dass sich neue Türen öffnen und es vielleicht auch an der Zeit ist, einmal etwas vollkommen Neues auszuprobieren und mit allen Sinnen zu erleben. Das darf dann auch etwas sein, vor dem du dich bislang gefürchtet hast.

Stell dir beispielsweise vor, du bist kein großer Freund von Schnee und Winter und liebst eigentlich die Wärme. Anders als sonst buchst du dieses Mal nicht den Trip in die Sonne, sondern in den Schnee. In den Höhenlagen im weißen Tiefschnee buchst du dir einen Skikurs. Um dein Frustlevel möglichst nicht überzustrapazieren, suche dir einen tollen Skilehrer oder eine tolle Skilehrerin, der oder die dich mit einer natürlichen Liebe und Affinität zur weißen Winterlandschaft einfach mitreißt. Nach den ersten beiden Unterrichtsstunden an der frischen Luft und vor Anstrengung furchtbar zitternden Knien gönnst du dir ein großes Hefeweizen (oder ein anderes Lieblingsgetränk) und setzt dich in die strahlende Sonne …

Das ist natürlich nur ein Beispiel von vielen. Der Zustand, in dem du dich befindest, nachdem du etwas Neues ausprobiert hast, ist jedoch immer der Gleiche: Du wirst dich atemberaubend und aufgewühlt fühlen und gleichzeitig so viel Lebensfreude verspüren, dass du bei nächster Gelegenheit wieder an deine Grenzen gehen wirst. Ganz nebenbei entwickeln sich dabei neue Vorlieben, denn du kannst nur über etwas urteilen, wenn du es selbst wirklich ausprobiert hast. Auf das Beispiel bezogen wirst du dann auch verstehen, dass es Menschen gibt, die den weißen Tiefschnee über alles lieben, obwohl du selbst im Grunde deines Herzens vielleicht immer ein Sommer- und Sonnenkind bleibst.

Frei nach Henri Matisse heißt das:

Es gibt überall Blumen für dich, wenn du sie sehen willst.

Die Menschen, die du bislang argwöhnisch und mit einer gewissen Portion Neid betrachtet hast, sind ab sofort besonders interessant für dich. Du freust dich über die Begegnung mit anderen „Magics", weil sie dich inspirieren und der Gedankenaustausch mit ihnen dich auf besondere Art und Weise bereichert.

Geh raus, betritt die Bühne deines Lebens und teile deine umwerfende Aura mit anderen.

„Das Wunderbarste an Wundern ist, dass sie manchmal wirklich geschehen." (Gilbert Keith Chesterton)

Vielleicht sagst du heute noch zu jemandem „Du bist umwerfend", weil du genau weißt, dass dies alles verändern wird. Wenn dich derjenige dann mit großen Augen anschaut und so gar nicht verstehen kann, was du mit diesen drei Worten gerade alles zum Ausdruck gebracht hast und welche tiefere Bedeutung dahinter steht ...

... dann gib ihm einfach dieses Buch!

Sandra Tissot

www.facebook.com/dubistumwerfend/

SANDRA TISSOT
Hochsensibilität und die
berufliche Selbstständigkeit
Wie sich ein Sensibelchen selbstständig
machte und seine Lösung für das
hochsensible Berufsleben fand
ISBN 978-3-9817975-6-5

Viele Hochsensible stoßen in einem herkömmlichen Angestelltenverhältnis oft an Grenzen. Insbesondere ihre Wünsche nach Eigenverantwortung, Unabhängigkeit, Flexibilität und vor allem sinnvollem Tun können nur selten erfüllt werden. So tragen sich viele Hochsensible mit dem Gedanken, sich irgendwann einmal selbstständig zu machen. Doch die Sorgen, dass das hochsensible Dasein mit unternehmerischen Herausforderungen im Widerspruch stehen könnte, überwiegen meist.

Dieses Buch veranschaulicht, dass diese Sorgen oft unberechtigt sind. Die hochsensible Autorin zeigt anhand ihrer eigenen Lebensgeschichte auf, dass eine selbstständige Tätigkeit viele Chancen bietet und sehr gut mit dem hochsensiblen Wesen vereinbar ist. Sandra Tissot gibt nicht nur sehr persönliche Einblicke in ihre Gedankenwelt, mit all ihren Zweifeln und genialen Wendungen, sondern liefert Schritt für Schritt Praxistipps zu Alltagssituationen. Zudem gibt sie viele Erkenntnisse weiter, die für eine Existenzgründung sinnvoll sind.

Gemeinsam mit der Autorin erleben Sie hautnah, wie die berufliche Selbstständigkeit zum persönlichen Befreiungsschlag für hochsensible Personen (HSP) werden kann.

Literatur

Beck, Aaron T.: „Kognitive Therapie nach Beck", Dorsch Lexikon der Psychologie

Branden, Nathaniel: „Die 6 Säulen des Selbstwertgefühls: Erfolgreich und zufrieden durch ein starkes Selbst", Piper

Bonelli, Raphael M.: „Perfektionismus: Wenn das Soll zum Muss wird", Pattloch Brown, Dan: „Origin (Robert Langdon, Band 5)", Bastei Lübbe

Chetty, S.: „Stress and glucocorticoids promote oligodendrogenesis in the adult hippocampus", S. und Kollegen, Molecular Psychiatry volume 19, S. 1275–1283

Covey, Stephen: „The 7 Habits of Highly Effective People, First Things First, and the Best of the Most Renowned Leadership Teacher of our Time", Mango Media Inc

Duden: Deutsche Rechtschreibung - Definition Irrsinn, 2. „(oft emotional) Unvernunft, die sich im Handeln oder Verhalten darstellt", Bibliographisches Institut

Gallup Engagement Index Deutschland: Studie zur Arbeitsplatzqualität (Befragungsinstruments Q12® zur Ermittlung des Grads der emotionalen Bindung von Mitarbeitern an ihren Arbeitgeber und damit ihr Engagement und die Motivation bei der Arbeit)

Hartig T, Evans GW, Jamner LD, Davis DS, Garling T.: „Tracking restoration in natural and urban field settings", Journal of Environmental Psychology 23, S. 109–123

Hautzinger, Martin, Beck, Aaron T., Rush, A. John, Shaw, Brian F., Emery, Gary: „Kognitive Therapie der Depression", Beltz

Hensel, Horst: „In guter Gesellschaft: über zivilgesellschaftliches Verhalten in der Demokratie", Universitätsverlag Dr. N. Brockmeyer

Juckel, Georg (Prof. Dr.): Studie „Wie sich Dauerstress auf das Immunsystem auswirkt", Forschergruppe Georg am LWL-Universitätsklinikum der Ruhr-Universität Bochum

Unilever Deutschland GmbH: Studie „Initiative für wahre Schönheit"

Jünemann, Ann-Katrin: „Psychologie der Werte", 17. Selbstwert und Selbstvertrauen, S. 188

Krüger, Wolfgang: „Freundschaft: beginnen - verbessern - gestalten", Books on Demand, 1. Aufl.

Leary, Mark R.: „Self-Presentation: Impression Management and Interpersonal Behavior", The Perseus Books Group

Marzi, T.: Trust at first sight: evidence from ERPs Social, Cognitive and Affective Neuroscience, Volume 9, Issue 1, S. 63–72

McKinsey Unternehmensberatung: „Studie Motivating People, Getting Beyond Money"

Perilloux, Carin und Kurzban, Robert: Studie „Do Men Overperceive Women's Sexual Interest?", Psychological Science Journal

Schmiedel, Martin: „Trust-based Leadership - Führen durch Vertrauen: Erfolgreiche und leidenschaftliche Mitarbeiter durch Integrität und Wertschätzung", S. 55

Science Museum of London: Studie zum Thema Lügen zur Galerie mit dem Titel „Wer bin ich?"

Splendid Research - Marktforschungsinstitut: Studie „Aussehen und Schönheitsoperationen"

Splendid Research - Marktforschungsinstitut: Studie „Wie einsam fühlen sich die Deutschen?", repräsentative Umfrage unter 1.039 Deutschen zum Thema Einsamkeit

Statista - das Statistik-Portal: Umfrage zum Glauben an Leben nach dem Tod in Deutschland: „Die Seele lebt als Teil von etwas Größerem weiter"

Süddeutsche Zeitung online: Interview mit Diplom-Psychologe Wolfgang Krüger, „Wie viele Freunde wir haben"

Wirtz, Markus Antonius: Dorsch Lexikon der Psychologie, Begriff „Selbstwert", 18. Aufl., S. 1389